W0397051

Lieblingsplätze in Oberbayern

GMEINER

ACHENBACH | BOES | BOVERS | BRÄU | GEISS | HOFFMANN | MERKER | SCHOENWALD | SOLCHER

Aus Gründen der Lesbarkeit und Sprachästhetik wird in diesem Buch das generische Maskulinum verwendet. Mit der grammatischen Form sind ausdrücklich weibliche sowie alle anderen Geschlechtsidentitäten berücksichtigt, insofern dies durch den Kontext geboten ist.

Für das Buch wurden QR-Codes generiert, die zu den Websites der Lieblingsplätze führen. Um sie zu nutzen, öffnen Sie die Kamera-App Ihres Endgeräts und richten den Rahmen für circa drei Sekunden auf den Code. Daraufhin erscheint eine Benachrichtigung. Sollte dies nicht passieren, müssen Sie ggf. das Scannen in den Einstellungen Ihres Gerätes erst aktivieren. Wenn diese Option nicht verfügbar ist, können Sie einen QR-Code-Reader von Drittanbietern in Ihrem App-Store kostenfrei herunterladen.

Alle Informationen wurden geprüft. Gleichwohl verändern sich Gegebenheiten, daher erfolgen alle Angaben ohne Gewähr. Sollte bei einem QR-Code ein Fehler angezeigt werden, sind wir für eine Nachricht dankbar. Auch über Ihr Feedback zum Buch freuen sich die Autorinnen und Autoren und der Verlag: lieblingsplaetze@gmeiner-verlag.de.

Bildverzeichnis:
Alexandra Achenbach 8, 26, 32, 34, 36, 38; Lilo Solcher 10, 12, 14, 16, 18; Martina Mayer 20; Diözesanmuseum Freising/Foto Thomas Dashuber 22; Schels Hörger Biohotel 24; Landratsamt Erding 28; MWU 30; Rose Hajdu 40; Jasper Block Klinglwirt München 42; Stemmerhof Verwaltung 44; Wolfgang Pulfer Fotografie 46; Sebastian Schoenwald 48, 78, 82, 84, 86, 88, 90, 92, 94, 96, 98; Heide Marie Karin Geiss 50, 52, 54, 56, 58, 60, 62, 64, 66, 68, 70, 72; Stefan Boes 74, 100, 102, 104, 110, 114, 122; Das Münter-Haus in Murnau, 2009 76; Birgit Gudjonsdottir 80; Tölzer Marionettentheater, Albert Maly-Motta 106; Stadt Bad Tölz 108; Heike Hoffmann 112, 116; FreilichtmuseumWasmeier, Dieter Schnöpf, Puchheim 118; Angelika Prem, Hennerhof 120; Klaus Bovers 124, 126, 130, 132, 134, 136, 140, 142, 144, 146, 148; Archiv Wagenstaller 128; Chiemsee-Schifffahrt 138; Uwe Reuter 150; Christoph Merker 152, 154, 156, 158, 160, 162, 166, 168, 170, 172, 174

1. Auflage 2024

Im Ehnried 5, 88605 Meßkirch
Telefon 07575/2095-0
info@gmeiner-verlag.de

Besuchen Sie uns im Internet: www.gmeiner-verlag.de

QR-Code einscannen
und kostenloses
E-Book anfordern.

Lektorat/Redaktion: Anja Kästle/Ricarda Dück
Herstellung: Julia Franze
Bildbearbeitung/Umschlaggestaltung: Susanne Lutz
unter Verwendung der Illustrationen von © SimpleLine, Ljupco Smokovski, SylwiaNowik, SimpLine, natbasil, mrr, EH_Grafik – stock.adobe.com; © mohamed Hassan – pixabay.com; © Susanne Lutz
Kartendesign: © Maps4News.com/HERE
Druck: AZ Druck und Datentechnik GmbH, Kempten
Printed in Germany
ISBN 978-3-8392-0623-2

Der Norden und München mit Umgebung

Das Fünfseenland und Zugspitzland

Das Tölzer Land, Tegernsee und Schliersee

Der Chiemgau mit der Region Inn-Salzach

Das Berchtesgadener Land

LS – Lilo Solcher
AA – Alexandra Achenbach
AK – Anja Kästle
CM – Christoph Merker
SB – Stefan Boes
HH – Heike Hoffmann
B/S – Andreas M. Bräu/Sebastian Schoenwald
KB – Klaus Bovers
HG – Heide Marie Karin Geiss

Der Norden und München mit Umgebung

Romantikhotel Zum Klosterbräu
Kirchplatz 1
86633 Neuburg an der Donau-Bergen
08431 67750

Schloss Neuburg
Residenzstraße 2
86633 Neuburg/Donau
08431 64430

1 Unter Feinschmeckern

Romantikhotel Zum Klosterbräu in Bergen

Das Navi ist ausgefallen, die Straßen in Neuburg sind verstopft und wir sind genervt. Wo zum Teufel geht's nach Bergen zum Romantikhotel Klosterbräu? Es dauert, bis wir die Donaubrücke finden und anschließend den Abzweig nach Bergen zur Wallfahrtskirche. Ein mächtiger Kirchenbau ist das in dem kleinen Ort, seit 2020 darf sich die Heilig-Kreuz-Kirche sogar Münster nennen. Auf dem Kirchplatz sticht das Romantikhotel Zum Klosterbräu mit dem roten Anstrich ins Auge, ein traditionsreiches Haus, seit 1744 als Gaststube und Brauerei im Besitz der Familie Böhm.

Die Brauerei wurde in den 1970er-Jahren aufgegeben, 2003 kehrte Otto Böhm junior vom Gourmethotel Residenz Winkler in Aschau zurück an den heimischen Herd. »Das war eine Erleuchtung«, erinnert sich der groß gewachsene Hotelier in der weißen Kochuniform an die Lehrjahre in der Sterneküche. Genug Ideen hat er damals nach Bergen mitgebracht. Bis heute steht das Restaurant in der historischen Gaststube für eine »ehrliche, frische Küche«.

Das hat Küchenchef Michael Helget so übernommen, der mit seinen Tätowierungen und der Lederschürze eine auffallende Erscheinung in diesen traditionsreichen Mauern ist. Den Gourmet-Führer *Michelin* jedenfalls hat das Klosterbräu überzeugt. 2023 gab es wieder den *Bib Gourmand* mit einem Lob obendrein fürs Ambiente: »So stellt man sich eine historische bayerische Gaststube vor: Holzbalken an der Decke, Dielenboden, Kachelofen – rustikal, wohnlich und herrlich gemütlich …«

Auch wir haben genossen, was Michael Helget aus den heimischen Zutaten gezaubert hat. Nach so einem feinen Essen und den passenden Weinen dazu macht man es sich am besten in einem der schönen Gästezimmer des Hotels gemütlich. Ein großer Pool lädt draußen im Garten zum Schwimmen ein, ein Badehaus zum Entspannen. Wunderbar für eine kurze Auszeit. Da hat sich die Anfahrt auf jeden Fall gelohnt!

LS

Auf keinen Fall versäumen: Machen Sie einen Bummel durch die Renaissance-Stadt Neuburg mit dem mächtigen Residenzschloss und der großartigen Provinzialbibliothek.

Deutsches Medizinhistorisches Museum (DMM)
Anatomiestraße 18–20
85049 Ingolstadt
0841 3052860

Café »hortus medicus« im Arzneipflanzengarten
Anatomiestraße 18–20
85049 Ingolstadt
0171 6225130

2 Zu Gast bei Doktor Frankenstein

Deutsches Medizinhistorisches Museum (DMM)

Mary Shelleys *Frankenstein* hat mich schon früh das Gruseln gelehrt, und der alte Film, in dem Boris Karloff das Monster spielt, tat ein Übriges. Doch das 300 Jahre alte, schlossähnliche Gebäude, in dem früher die Anatomie der medizinischen Fakultät der Universität untergebracht war und heute das Deutsche Medizinhistorische Museum residiert, hat wenig Gruseliges an sich. Auch die Umgebung wirkt eher idyllisch: Kleine, gepflegte Häuser säumen die Anatomiestraße, in der barocken Gartenanlage hinter dem hellgelben Museumsbau grünen die ersten Heilkräuter, Vögel zwitschern.

Drinnen werden die Besucher dann mit allerlei Abschreckendem aus der Medizingeschichte konfrontiert: Skeletten, Klistieren, Pestmasken, Glasaugen. Bereits früher war dieses Gebäude für viele ein Ort des Schreckens. Denn vor etwas mehr als 200 Jahren wurde im »anatomischen Theater« die Sezierung von Leichen feierlich in Szene gesetzt. Medizinstudenten – aber auch Künstler und »gebildete Standespersonen« – konnten von den Logen aus dabei zusehen, wie unter ihnen der Professor in Frack und Zylinder zu Geigenmusik die Vorschneider beim Zerlegen der Körper von Straftätern und Soldaten dirigierte.

Davon hatte wohl Mary Shelley gehört und deshalb 1818 ihren Schauerroman in Ingolstadt angesiedelt. *Frankenstein oder der moderne Prometheus* erzählt die Geschichte des jungen Schweizers Victor Frankenstein, der an der Universität Ingolstadt aus Leichenteilen einen künstlichen Menschen erschafft und dieses Monster nicht mehr loswird.

Im Gegensatz zu dem jungen Arzt will sich Ingolstadt von diesem Mythos nicht trennen. Im Gegenteil, die Stadt pflegt ihn nicht nur im kleinen Frankenstein-Kabinett im Museum. Von April bis Oktober gibt es abendliche Frankenstein-Führungen, »Mystery-Tours« mit Gruseleffekten, und Ingolstadt plant eine »Erlebniswelt Frankenstein«.

LS

Im schön angelegten Arzneipflanzengarten, wo aus einer Äskulapschlange Wasser sprudelt und im Teich Goldfische schwimmen, kann man sich bei Kaffee, Kuchen und Sonnenschein entspannen.

Burgberg
Burghof
85088 Vohburg an
der Donau

Touristinformation in der Stadtbibliothek Vohburg
Agnes-Bernauer-
Straße 1
85088 Vohburg
an der Donau
08457 9369700

8 Auf den Spuren der Agnes Bernauer

Burgberg

Als Augsburgerin kenne ich natürlich den Namen Agnes Bernauer. Doch wie kommt es, dass Vohburg der Augsburger Badertochter Festspiele widmet? Dass nicht nur eine Straße nach ihr benannt ist, sondern auch eine Apotheke, die Sporthalle, die Donau-Brücke? Womöglich hat die schöne Bernauerin auf der Vohburger Burg, die im Dreißigjährigen Krieg zerstört wurde, die glücklichsten Jahre ihres kurzen Lebens verbracht.

Der Überlieferung zufolge hatte Agnes 1428 in Augsburg Albrecht von Bayern-München kennengelernt, als dieser dort an einem Turnier teilnahm. Gegen den Willen seines Vaters Herzog Ernst soll Albrecht die schöne Augsburgerin heimlich geheiratet haben und die Vohburg dem Paar als Residenz gedient haben. Doch die nicht standesgemäße Verbindung missfiel dem Vater ebenso wie die Unabhängigkeitsbestrebungen des Sohnes. Am 12. Oktober 1435, so die Überlieferung, wurde auf seine Anordnung hin die Bernauerin in der Donau bei Straubing ertränkt.

Ihre Gebeine werden in der Agnes-Bernauer-Kapelle in Straubing aufbewahrt. In Vohburg aber wird ihr Gedenken bewahrt. Auf dem Burgberg blicke ich schaudernd durch ein Gitter in ein dunkles Verlies, in dem Agnes angeblich eingekerkert war, bevor sie ihr Leben in der Donau ließ. Heute finden ihr zu Ehren auf dem Burgberg vor dem Pflegerschloss, wo 1809 Napoleon übernachtete, alle zwei Jahre die Agnes-Bernauer-Festspiele statt.

So lange möchte ich aber nicht warten und treffe die Bernauerin gleich rechts neben dem Burgtor. Die Statue der Künstlerin Antje Tsche-Mentzen zeigt eine selbstbewusste Frau. Zwar werden ihre Füße von den Wellen der Donau umspült, in der sie ertrank, aber ihr Blick ist stolz. Wer erinnert sich heute noch an den gestrengen Herzog Ernst? Die Bernauerin aber ist unvergessen.

LS

Die rekonstruierte Burgmauer ist teilweise begehbar und öffnet den Blick hinunter auf die Altstadt mit ihrem lebendigen Zentrum. Im Brot- und Kaffeehaus Sipl haben wir uns ordentlich gestärkt.

Europäisches Spargelmuseum
Am Hofgraben 1A
86529 Schrobenhausen
08252 9098534

Buchhandlung an der Stadtmauer
Lenbachplatz 11
86529 Schrobenhausen
08252 889301

4 Gemüse im Turm

Europäisches Spargelmuseum

Schrobenhausener Spargel ist weit über die Grenzen Oberbayerns hinaus bekannt – dank der geschützten Herkunftsbezeichnung. Damit wäre Schrobenhausen wohl der beste Ort für das Europäische Spargelmuseum. Aber in dem Städtchen mit der eindrucksvollen Stadtmauer und dem Geburtshaus des Malers Franz von Lenbach werde ich nicht gleich fündig. Auch die Marmorstele mit den dickbusigen Frauen im Spargelkopf hätte ich beinahe übersehen. Sie feiert die Partnerschaft mit der badischen Spargelstadt Schwetzingen.

Gleich gegenüber weist ein Schild den Weg zu den Museen. Man muss schon wissen, dass dazu das Spargelmuseum gehört – in einem Turm der Stadtmauer, wo früher das Gefängnis untergebracht war. Draußen empfängt eine Installation zum Spargelanbau und zur Spargelernte Besucher. Drinnen wird Wissenswertes über weißen und grünen Spargel vermittelt, über die Kultivierung des edlen Gemüses und über seine Heilkräfte. Wer mag, kann sich dazu einen kurzen Film anschauen.

Eine enge Wendeltreppe führt nach oben. Im ersten Stock füllen die unterschiedlichsten Spargelgeschirre und -zangen die Vitrinen, darunter die des russischen Hofjuweliers Carl Peter Fabergé. Die Spargeldeckeldose aus Meissener Porzellan aus dem Jahr 1780 ist eine Rarität, von der es nur noch zwei Exemplare gibt. Nichts für Otto Normalverbraucher. Spargel war schließlich lange Zeit ein königlicher Genuss, wie das entzückende »Spargelfestmahl bei Hofe« zeigt.

Eine Treppe weiter oben widmet sich die Ausstellung dem »Spargel in der Kunst«. Bei einigen Exponaten muss ich an die Comedian Harmonists denken und ihr Lied *Veronika, der Lenz ist da*. Gut gelaunt bummele ich noch einmal durchs erste Obergeschoss und schaue mir die alten Rezeptbücher an. Alles so schön altmodisch! Und dann noch dieser Turm. Nostalgie pur.

LS

Eine Lese-Oase mitten im Städtchen ist die *Buchhandlung an der Stadtmauer*, wo man ganz gemütlich in die Welt der Bücher abtauchen kann.

Hauptplatz
85276 Pfaffenhofen
an der Ilm

Café Hipp
Hauptplatz 6
85276 Pfaffenhofen
an der Ilm
08441 879900

5 In der guten Stube

Hauptplatz

In vielen Orten ist der Marktplatz die gute Stube. In Pfaffenhofen gilt das ganz besonders. »Die freundliche Kreisstadt an der Ilm lässt ihre wohlgepflegten Straßen in den stattlichen Marktplatz einmünden«, lese ich auf einer Infotafel in der der gotischen Stadtpfarrkirche.

Mit ihrem hohen, sich nach oben verjüngenden Turm markiert die Kirche zusammen mit dem behäbig wirkenden Gebäude der Stadtbücherei den südlichen Abschluss des rund 300 Meter langen und 40 Meter breiten Hauptplatzes.

Am nördlichen Ende des vor 15 Jahren neu gestalteten Platzes wacht das neugotische Rathaus über seine Bürger. In der Mitte zieht der Marienbrunnen mit der hohen Mariensäule die Blicke auf sich, gleich dahinter ragt der Maibaum in die Höhe. Wenn hier nicht gerade Markt ist – immer dienstags und freitags – ist die gute Stube der Stadt ein beliebter Treffpunkt für die Pfaffenhofener und ihre Gäste. Bänke laden zum Verweilen ein und auf dem Kinderspielplatz sind die Jüngsten gut aufgehoben.

Auf beiden Seiten säumen schöne Bürgerhäuser aus verschiedenen Jahrhunderten den Platz. Besonders einladend wirkt das Café Hipp. Ja, Sie vermuten richtig, Pfaffenhofen war die Wiege der *HiPP*-Babynahrung. Davon erzählen im Café, das mit einer enormen Kuchen- und Tortentheke aufwartet, Schwarz-Weiß-Fotografien und Plakate aus den Anfangszeiten Ende des 19. Jahrhunderts.

Natürlich hat sich auch das Städtchen selbst im Lauf der Zeit verändert. Gebäude wurden umgebaut oder abgerissen, Brauereien und Wirtshäuser verschwanden. An verschiedenen Ecken des Hauptplatzes erinnern »Blickwinkel« an frühere Zeiten. Sie zeigen Ausschnitte aus Pfaffenhofens Vergangenheit. Eine informative Zeitreise durch ein selbstbewusstes und lebenswertes Städtchen. Immerhin wurde Pfaffenhofen 2011 bei den *LivCom-Awards* zur »lebenswertesten Kleinstadt der Welt« gekürt.

LS

Naschkatzen kommen im Café Hipp auf ihre Kosten. Bei der riesigen Kuchen- und Tortenauswahl fällt die Wahl schwer.

Hopfenhimmel
An der Straße zwischen den Ortsteilen Reichertshausen und Willertshausen.
84072 Au in der Hallertau

Deutsches Hopfenmuseum
Elsenheimerstraße 2
85283 Wolnzach
08442 7574

6 Im Hopfenhimmel

Aussichtsturm zwischen Reichertshausen und Willertshausen

Nichts prägt diese Gegend so wie der Hopfen. Im Frühjahr sind nur die meterhohen Stangen mit den Drähten zu sehen, die wie Skelette auf den Feldern stehen. Im Sommer klettern die Pflanzen daran immer höher, alles wird grün, und im Spätsommer sind die (weiblichen) Dolden reif für die Ernte.

»Hopfen und Malz – Gott erhalt's« wünschten sich schon die Menschen im Mittelalter. Hier in der Hallertau, dem wohl größten zusammenhängenden Hopfenanbaugebiet der Welt, ist zumindest der Hopfen nicht verloren. Davon künden die Hopfenstraße, das Hopfenmuseum in Wolnzach, eine Hopfenerlebniswelt in Altenkirchen … Das Örtchen Reichertshausen, ein Ortsteil von Au, verspricht gar den Hopfenhimmel.

Im Frühjahr ist der nichts als eine Stahlplattform in sechs Metern Höhe, von der aus man weit übers Land blickt. Aber ab Juli, wenn der Hopfen die kahlen Stangen mit einem grünen Blätter- und Doldenmantel überzogen hat, wenn sich die schnurgeraden Alleen scheinbar bis zum Horizont erstrecken, dann ist diese Aussichtsplattform tatsächlich so etwas wie der Eingang zum Hopfenhimmel. Wer über die Wendeltreppe zur Plattform hochgeklettert ist, sieht sich dann umringt von Hopfenpflanzen, die sich an den Drähten gen oben winden und den Blick ins Himmelsblau grün sprenkeln.

Seit dem achten Jahrhundert wird in der Gegend Hopfen angebaut, schon deshalb bezeichnet sich die Hallertau als Heimat dieser Kulturpflanze. Wer tiefer eindringen will in ihre Geheimnisse – übrigens der Abstammung nach ein Hanfgewächs – der ist in einem der Hopfenerlebnishöfe richtig. Dort erzählen Hopfenbotschafterinnen nicht nur die Geschichte vom »Grünen Gold«, sondern wissen auch, wo es abgesehen vom Bier noch drinsteckt. Immerhin gibt es auf den Hopfenmärkten, auf den Hopfenfesten und in den Hofläden auch andere Hopfen-Spezialitäten: Seccos und Liköre, Tee und Schokolade.

LS

Das Hopfenmuseum in Wolnzach informiert ausführlich über die Kulturpflanze, deren Geschichte, die Geschäfte mit ihr sowie das Brauwesen.

Dommuseum Freising
Domberg 21
85354 Freising
089 213774240

DIMU Restaurant
Domberg 21
85354 Freising
08161 2408500

7 Magisches Farberlebnis

Diözesanmuseum Freising

Was für ein Museum! Auf dem Domberg hoch über Freising eröffnet das neu gestaltete Dommuseum im ehemaligen Knabenseminar sagenhafte Blickachsen nach drinnen und draußen. Und in der ehemaligen Hauskapelle hat der amerikanische Lichtkünstler James Turrell einen Meditationsraum gestaltet, der seinesgleichen sucht. *A Chapel for Luke and his scribe Lucius the Cyrene* hat er ihn genannt – in Anspielung auf das *Freisinger Lukasbild*, eine prächtige Ikone von 1400, die über Byzanz und England nach Freising kam.

Turrells *Chapel* braucht kein Gold, um zu überwältigen. Mit Licht und sanft wechselnden Farbkombinationen erreicht der Künstler ein Gefühl der Unendlichkeit. Kaum habe ich die Schwelle überschritten, bin ich in einer anderen Welt, in der sich Zeit und Raum aufzulösen scheinen. Am Anfang fühle ich mich etwas wacklig wie bei einem »Whiteout« im Schnee. Vorsichtig taste ich mich nach vorn, dahin, wo der Lichtkreis zu pulsieren scheint. Dann tauche ich ein in ein Bad der Farben. Turrells »Glanzfeld« zieht mich magisch an und sorgt für eine geradezu mystische Erfahrung. Wie passend in diesem Umfeld. In die *Chapel* kommt man nur zu bestimmten Zeiten und mit weißen Überziehschuhen, um eine Verschmutzung des Glanzfelds zu vermeiden. Beim Verlassen greife ich vorsichtshalber zur helfenden Hand des jungen Mannes, der vor dem Meditationsraum darüber wacht, dass niemand beim Übergang in die reale Welt ins Stolpern gerät. Das Erlebnis wirkt nach, auch beim Bummel durch die klug inszenierten Ausstellungsräume des Diözesanmuseums, das mit seinen mehr als 40.000 Exponaten eines der größten kirchlichen Museen der Welt ist. 73,9 Millionen Euro hat die Generalsanierung gekostet. Gut angelegtes Geld. Es ist zwar vor allem Turrells Licht- und Farbmagie, die für Besucherströme sorgt, aber davon profitieren alle Ausstellungsräume.

LS

Ganz irdische Genüsse verspricht das Restaurant DIMU im Museum, das mit guter Küche und einer der schönsten Aussichten Freisings punktet.

Hörger Biohotel Tafernwirtschaft
Hohenbercha 38
85402 Kranzberg
08166 990980

Kranzberger Weiher
Am Kranzberger See
85402 Kranzberg

8 Öko in modernem Look

Hörger Biohotel Tafernwirtschaft

Moderne Architektur mit klaren Linien und einer puristischen Formensprache sucht man in bayerischen Dörfern meist vergeblich. Auf dem Land dominiert bis heute der Charme von Bauernhöfen, Holzschindeln, üppigen Geranienbalkonen und Lüftlmalerei. Zum Glück, würden wahrscheinlich einige sagen, denn gehören nicht nach außen hin sichtbares Brauchtum und Bayern untrennbar zusammen? Das Hörger Biohotel und seine Tafernwirtschaft beweisen auf eindrucksvolle Weise das Gegenteil.

Im beschaulichen Hohenbercha verschmelzen 125-jährige Wirtshaustradition und Moderne zu einer harmonischen Einheit, die nicht nur in der Region ihres Gleichen sucht. Auf der einen Seite steht die beliebte und bio-zertifizierte Dorfwirtschaft mit ihrem rustikalen Flair und der typisch bayerischen Speisekarte. Hier kann man sich von der lokalen Küche verwöhnen lassen und in kulinarischen Genussen schwelgen. Egal, ob Schweinsbraten oder eine der zahlreichen Köstlichkeiten ohne Fleisch, alle Zutaten sind sorgfältig ausgewählt, selbstgemacht und bio. Auf der anderen Seite überzeugt der hochmoderne Hotelanbau, der in seiner Form einer Scheune nachempfunden wurde, und der die einzelnen Elemente des Gebäudekomplexes wie Essen, Schlafen und Erholung perfekt in Verbindung bringt. Viel Glas, spannende Blickachsen und Lichteinfälle sowie ein Gebäudekörper ganz aus Zirbenholz laden zum Entspannen ein und erlauben eine freie Sicht auf die alten Apfelbäume und den herrlich angelegten Duft- und Naturgarten. Schöner kann sich mutige Architektur nicht in eine gewachsene Landschaft einfügen. Auch ökologisch haben die Architekten mit einer innovativen Wärme- und Energieversorgung Großes geleistet. Kein Wunder also, dass es 2011 dafür sogar den Europäischen Architekturpreis gab.

AA

Machen Sie doch einen kleinen Ausflug zum malerischen Kranzberger Weiher. Der liegt nur knapp vier Kilometern entfernt.

Garchinger Heide
Startpunkt Heidepfad:
Parkplatz Baggersee am Hart
FS20
85386 Eching

HeideHaus/Umweltstation
Heideflächenverein
Münchener Norden e.V.
Admiralbogen 77
80939 München-
Fröttmaning
089 46223273

9 Was zirpt denn da?

Garchinger Heide

Es gab eine Zeit, als der gesamte Norden der Münchner Schotterebene mit Heidevegetation bedeckt war. Wer bei dieser Beschreibung sofort an eine leuchtend violette Heidekrautlandschaft denkt, der liegt allerdings falsch. Anders als in Norddeutschland werden die kalkhaltigen Böden Oberbayerns von der sogenannten Grasheide bestimmt, einer Mischung aus über 200 Pflanzenarten, Flechten und Moosen, die perfekt an Nährstoffmangel und Trockenheit angepasst sind. Von den einst weitläufigen Flächen sind nur noch kleine Inseln erhalten geblieben, umgeben von einem Meer aus Kulturlandschaft. Kleine Inseln mit einer enormen und überregionalen Bedeutung für die Artenvielfalt. Diese Naturschutzgebiete zwischen München und Freising bieten bis heute zahlreichen, vom Aussterben bedrohten Tier- und Pflanzenarten ein Zuhause, und sie eröffnen uns Menschen ein Naturerlebnis der besonderen Art.

Am besten erkunden Sie dieses sensible Ökosystem auf dem abwechslungsreich gestalteten *Heidepfad,* der an den ersten neun von insgesamt 20 Stationen das Gebiet zwischen Echinger Lohe und Garchinger Heide genauer beleuchtet. Los geht die etwa drei Kilometer lange Runde am Parkplatz des Baggersees am Hart. Informationstafeln verraten den neugierigen Besuchern Wissenswertes zur Entstehungsgeschichte dieser einzigartigen Landschaft mit ihrer Fauna und Flora. Wussten Sie zum Beispiel, dass sich unter den Heide- und Wiesenpflanzen auch Arten aus dem Schwarzmeergebiet finden lassen? Und dass es im Nordteil der Garchinger Heide geheimnisvolle Hügelgräber aus der Bronzezeit zu entdecken gibt? Oder Sie machen es wie ich und lauschen einfach den Gesängen der unzähligen Heuschrecken und träumen sich davon …

AA

Zum Abschluss unbedingt ein erfrischendes Bad im Baggersee am Hart einplanen.

Bauernhausmuseum
Taufkirchener Straße 28
85435 Erding
08122 581238

10 Zurück in die Vergangenheit

Bauernhausmuseum

Ein Ausflug ins Bauernhausmuseum in Erding ist wie eine Reise in längst vergangene Zeiten. Spätestens beim Anblick der alten Gemäuer mit all ihren antiquarischen Gerätschaften und Maschinen wird einem richtig bewusst, wie sehr sich das Leben in den letzten beiden Jahrhunderten verändert hat. Wäsche waschen, kochen, Kühe melken, pflügen. Was uns heute ganz selbstverständlich von Maschinen abgenommen wird, das musste damals noch per Hand erledigt werden und statt Motoren lieferten Zugtiere die nötigen PS. Früher war alles besser? Weniger zeitaufwendig und körperlich anstrengend war es sicherlich nicht. Im Gegenteil, gerade auf dem Land war das Leben hart und beschwerlich. Dennoch erhält man in diesem Freilichtmuseum auch wieder einen Blick dafür, was wirklich wichtig ist und dass der unbändige Überfluss an Konsumgütern, der unsere Zeit prägt, nicht unbedingt glücklich(er) macht.

Das Herzstück des rund zwei Hektar großen Geländes ist eine für damalige Zeiten typische kleinbäuerliche Hofanlage. Was hier so natürlich gewachsen wirkt, wurde eigens für das Bauernhausmuseum aus umliegenden Dörfern zusammengetragen und an diesem Ort wiederaufgebaut. Die Kombination aus Wohnhaus und Stall, der sogenannte Getreidekasten, der Stadel, das Backhaus, ja sogar der Bauerngarten mit seiner bunten Blütenpracht und den Nutzpflanzen sind originalgetreu erhalten geblieben. Zusätzlich gibt es mit der Schmiede und der Torfhütte noch mehr altes Handwerk zu bestaunen.

Übrigens hat sich das Museum für Kinder im Grundschulalter etwas ganz Besonderes einfallen lassen: Es gibt eine spannende Museumsrallye mit Quizfragen und jeder Menge Wissenswertem sowie eine digitale Schnitzeljagd. Alle wichtigen Infos zu diesen kostenlosen Angeboten und der App zum Download gibt es an der Kasse.

AA

Jede Woche findet auf dem Gelände ein beliebter Bauernmarkt mit Produkten aus der Region statt.

Museum Wald und Umwelt
Ludwigshöhe 2
85560 Ebersberg
08092 825552

Ebersberger Alm
Ludwigshöhe 3
85560 Ebersberg
08092 2911

11 Waldzauber und Waldnutzung

Museum *Wald und Umwelt*

Wir befinden uns im Ebersberger Forst, einem beliebten Naherholungsziel für viele Städter. Auf der Ludwigshöhe in Ebersberg, im südlichen Teil des Waldgebietes, eröffnet ein Aussichtsturm mit 35 Metern Höhe einen herrlichen Blick über den Forst und bis in die Alpen. Nur rund 200 Meter Luftlinie entfernt steht das Museum *Wald und Umwelt* und entführt seine Besucher in die Geschichte von Mensch und Wald. Mal mystisch und märchenhaft, mal nüchtern und anthropozentrisch.

Das Verhältnis von uns Menschen zum Wald reicht von inniger Liebe bis zur Ausbeutung als reine Ressourcenquelle, und auch der Ebersberger Forst ist Teil dieser manchmal unrühmlichen gemeinsamen Geschichte. So gehörte der Forst einst zu einem gewaltigen Urwaldgürtel zwischen Inn und Isar, bevor ihm später eine »Karriere« als herzoglich-königliches Jagdgebiet und Nutzwald mit Fichtenplantagen zur Holzgewinnung blühte. Wir schöpfen seit jeher aus der Fülle der Natur, prägen Ökosysteme nach unseren Vorstellungen und verändern dabei bewusst oder unbewusst deren sensible Artenzusammensetzung mit oftmals weitreichenden Folgen.

Umso schöner ist es, dass die Stadt Ebersberg der jahrhundertelangen Nutzung und dem Wandel des Waldes ein ganzes Museum gewidmet hat, das von einer angeschlossenen Umweltbildungsstation perfekt ergänzt wird. In Ausstellungen, bei vielfältigen Veranstaltungen und auf den acht Stationen eines Naturlehrpfads gibt es Historie, interaktive Waldbegegnungen und Einblicke in eine mögliche ökologische Zukunft unserer Wälder. Ein faszinierendes Erlebnis für Groß und Klein, das Theorie und Hintergrundwissen mit Sinneserfahrung verknüpft und so den Horizont erweitert.

AA

Mit herrlichem Blick aufs Alpenpanorama sorgt die benachbarte Ebersberger Alm fürs leibliche Wohl, während sich die Kinder auf dem Spielplatz austoben können.

Botanischer Garten München-Nymphenburg
Menzinger Straße 65
80638 München
089 17861321

Museum Mensch und Natur
Schloss Nymphenburg
80638 München
089 1795890

12 Von Exotik bis BIOTOPIA

Botanischer Garten München-Nymphenburg

Der Botanische Garten und der benachbarte Schlosspark Nymphenburg sind definitiv kein Geheimtipp. Dennoch gehören sie zu meinen absoluten Lieblingsplätzen in München. Blütenduft, mondäne Bauwerke und filigrane Statuen, Neues und Spannendes zum Lernen und viel Platz für ausgedehnte Spaziergänge. Nur wenige Orte bieten eine derartige Vielfalt an Möglichkeiten in direkter Nachbarschaft und ohne große Strecken zurücklegen zu müssen. So schön und einfach kann Naherholung sein.

Machen Sie einen Kurztrip in die Tropen und tauchen Sie ab in ein Blumenmeer und sattes Grün. Vor allem in den Wintermonaten ein echter Balsam für die Seele. Der Botanische Garten ermöglicht uns mit seinen Häusern und der abwechslungsreichen Außenanlage eine spannende Reise durch die Vegetationszonen unserer Erde und er zeigt sich an jeder Ecke von einer neuen Seite. Mal wild als Steingarten oder Teichlandschaft, mal streng geometrisch und klar strukturiert als Schlossgarten. Lohnend sind auch die regelmäßig wechselnden Sonderausstellungen wie zum Beispiel die Schmetterlingsschau (Dezember bis März), bei der die bunten Insekten live vor Ort schlüpfen und zur Freude der Besucher frei durch das Gewächshaus flattern.

Dank einem Durchgang am Rhododendronhain können Sie vom Botanischen Garten direkt weiter in den Schlosspark spazieren und sich durch die idyllische Parkanlage mit ihren Kanälen, Brücken, Seen und Bächen treiben lassen. Ein echtes Vergnügen für Schlossfans und Naturliebhaber. Wer Glück hat, dem können entlang des ausgedehnten Wegenetzes Eichhörnchen, Rehe oder sogar der Waldkauz Kasimir begegnen.

AA

Während der Umbauphase des *Museums Mensch und Natur* können Besucher im *BIOTOPIA Lab* im Botanischen Garten die Wunder der Natur erfahren und intuitiv begreifen. Das Museum eröffnet voraussichtlich ab 2025 mit neuem Konzept als *BIOTOPIA – Naturkundemuseum Bayern.*

Isar Kollektiv
Theresienhöhe 5
80339 München
0176 23248041

13 Regionale Designvielfalt

Geschenkladen *Isar Kollektiv*

Wäre es nicht schön, wenn es die wunderbare Vielfalt von regionalem Design, Kunsthandwerk und lokalen Köstlichkeiten an nur einem Ort gebündelt gäbe? Wenn Sie diese Frage mit einem klaren Ja beantworten,dann sollten Sie unbedingt im *FORUM Schwanthalerhöhe* vorbeischauen und dem *Isar Kollektiv* einen Besuch abstatten. Dieser kleine Laden im Erdgeschoss eines Shoppingcenters ist neben all den Discountern, Drogeriemärkten und allgegenwärtigen Fast-Fashion-Ketten eine mehr als angenehme Überraschung und eine echte Wohltat inmitten der Konsumflut.

Handgemachte Taschen, Schmuckunikate, außergewöhnliche Alltagsgegenstände, feine Naturkosmetik und individuelle Kindermode und Spielzeug. Das *Isar Kollektiv* ist ein Tummelplatz für liebevoll ausgewählte Schätze und einzigartige Geschenkideen und der perfekte Ort für spannende Neuentdeckungen, die sich in den bunt bestückten Regalen und Auslagen verstecken.

Doch Heidi Nickel geht es in ihrem hübschen Laden nicht allein um ein besonderes Shoppingerlebnis. Sie möchte kleinen Manufakturen, Künstlern und Start-ups eine stilvolle Plattform bieten und deren Produkte für ein größeres Publikum zugänglich machen. Klasse statt Masse, lautet die Devise. Innovative Materialien, natürliche Rohstoffe sowie sozial und ökologisch gerechte Herstellung haben einen festen Platz im *Isar Kollektiv*. Ein tolles Beispiel hierfür ist das spannende Münchner Naturkosmetiklabel *Circly*, das Wirkstoffe aus upgecyceltem Kaffeesatz in feuchtigkeitsspendendes Gesichtsserum und Lippenpflege verwandelt.

AA

Einige der hübschen Produkte lassen sich mit Gravuren, Prägungen oder einer individuellen Stickverzierung je nach Geschmack personalisieren. Fragen Sie einfach im Laden nach.

Museum Brandhorst
Theresienstraße 35a
80333 München
089 238052286

14 Kunst und nachhaltige Architektur

Museum Brandhorst

Am Anfang stand ein verlockendes Angebot. Anette und Udo Brandhorst boten dem Bayerischen Staat ihre renommierte Sammlung moderner Kunst als Dauerleihgabe an. Jedoch unter der Bedingung, dass dafür ein eigenes Museum gebaut wird. Das ließ sich der Freistaat nicht zweimal sagen und das Museum Brandhorst war geboren. Seit der Eröffnung im Jahr 2009 werden dem begeisterten Publikum hier auf über 3.000 Quadratmetern einzigartige Bilder, Skulpturen und Installationen von Künstlern wie Cy Twombly, Joseph Beuys, Jutta Koether, Alex Katz, Monika Baer und Damien Hirst präsentiert. Auch die mit Abstand größte Andy-Warhol-Sammlung Europas ist in den lichtdurchfluteten Ausstellungsräumen zu bestaunen.

Aber nicht nur die Exponate setzen Maßstäbe. Den Berliner Architekten Louisa Hutton und Matthias Sauerbruch ist auf dem schmalen Grundstück an der Ecke Türken- und Theresienstraße ein Paradebeispiel nachhaltiger Museumsarchitektur gelungen, das 2011 unter anderem mit der Silbermedaille des *International Prize for Sustainable Architecture* prämiert wurde. Kein Wunder, denn das Museum Brandhorst ist mit seiner schillernden Außenhülle ein optisches Highlight im Kunstareal, das im Gegensatz zu vergleichbaren Museen 50 Prozent weniger Wärmeenergie verbraucht und mit einem um 26 Prozent geringeren Bedarf an Strom glänzen kann. Erreicht werden diese beeindruckenden Zahlen unter anderem durch die besonders energieeffiziente Klimatisierung des Gebäudes, bei der ein System aus wasserführenden Rohren in Wänden und Böden für ein wohltemperiertes Raumerlebnis sorgt.

Die auffällige Fassade besteht übrigens aus rund 36.000 kunterbunten Keramik-Elementen, die vor speziell geformte Bleche gesetzt sind. Das sieht nicht nur wunderschön aus, sondern dämpft zusätzlich den Verkehrslärm des belebten Viertels.

AA

Für Familien bietet das Museum ein spezielles Angebot aus Workshops und Führungen. Kinder und Jugendliche bis 18 Jahre haben freien Eintritt.

Viktualienmarkt
Viktualienmarkt
80331 München

Tourist-Information Rathaus am Marienplatz
Marienplatz 8
80331 München
089 23396500

15 Regional einkaufen und genießen

Viktualienmarkt

Wer denkt, gemütliches Einkaufen am Marktstand sei nur etwas fürs beschauliche Landleben, der irrt gewaltig. In der bayerischen Landeshauptstadt finden sich über 40 Wochen- und Bauernmärkte, die die Menschen regelmäßig und wohnortnah mit frischen und regionalen Lebensmitteln versorgen. Sie wollen noch mehr Marktflair? Dann werden Sie auf einem von Münchens vier ständigen Märkten fündig, sechs Tage die Woche geöffnet und mit allem bestückt, was das Feinschmecker-Herz begehrt.

Einer davon ist der Viktualienmarkt im Zentrum der Stadt, der seinen Anfang als Bauernmarkt auf dem Marienplatz nahm. Seit Beginn des 19. Jahrhunderts präsentieren seine Händler die Waren am heutigen Standort und bieten auf über 18.000 Quadratmetern Obst, Gemüse, Fleisch, Käse, Fisch, Gewürze, Backwerk, Blumen und vieles mehr an. Hier bummeln Touristen direkt neben waschechten Münchnern. Und während die einen Austern und Champagner schlürfen, genießen die anderen die Kartoffel des Tages bei *Caspar Plautz* (Stand 38), regionale und saisonale Küche at its best!

Über den Trubel an den rund 100 Verkaufsständen wachen acht besondere Brunnen mit detailgenauen Darstellungen beliebter Volkskünstler wie Karl Valentin, Liesl Karlstadt, Ida Schumacher oder Ferdl Weiß. Ihnen zu Ehren findet einmal im Jahr das Brunnenfest statt (erster Freitag im August). Die Figuren werden dann mit bunten Blumen geschmückt und Künstler erfreuen die Zuschauer mit kostenlosen Auftritten. Was viele Besucher nicht wissen: Aus den Brunnen sprudelt reines Trinkwasser. Sollte Sie auf Ihrem Spaziergang der Durst überkommen, nur zu. Das Münchner Leitungswasser ist eines der besten Deutschlands.

AA

Die Münchner Märkte bieten übrigens einen Großteil ihres Sortiments plastikfrei und lose an. Denken Sie also unbedingt an passende Gefäße, Dosen und Stoffbeutel für Ihren Einkauf.

Müller'sches Volksbad
Rosenheimer Straße 1
81667 München
089 23615050

Muffatwerk
Zellstraße 4
81667 München
089 45875010

16 Frische für alle

Müller'sches Volksbad

Wer in München an der Isar spazieren geht, der bekommt viel zu sehen. Eilige Radfahrer, (halb-)nackte Sonnenanbeter und hartgesottene Eisschwimmer, Familien beim Picknick und Menschen, die sich zu einem gemütlichen Feierabendbierchen treffen. Am Isarostufer jedoch gibt es etwas zu riechen. Direkt an der Ludwigsbrücke führt der Weg an der Außenmauer eines Gebäudes entlang, das mit seinem eindrucksvollen Uhrturm fast wie eine Kirche anmutet. Der charakteristische Saunaduft aus den Lüftungsrohren allerdings verrät das *Müller'sche Volksbad.*

Entworfen vom Architekten Carl Hocheder und gespendet vom namensgebenden Ingenieur Karl Müller war der neobarocke Jugendstilbau einst Münchens erstes städtisches Hallenbad und bei seiner Eröffnung 1901 angeblich das teuerste und größte Schwimmbad der Welt. Zwei große Schwimmhallen, eine für Männer und eine für Frauen, ein originalgetreues römisch irisches Schwitzbad und ein Dampfbad mit Kaskadenbrunnen machten einen Besuch zum Badeerlebnis in prächtiger Kulisse. Heute ist es fast wie eine Zeitreise, wenn man unter den Wandmalereien und den Stuckelementen seine Bahnen zieht. Wasserspeier, Bronzestatuen, florale Schmuckornamente, die hölzernen Umkleidekabinen – alles hier atmet Geschichte und wird liebevoll gepflegt und instand gehalten. Doch Karl Müller wollte München kein hübsches Luxusschwimmbad finanzieren. Mit ursprünglich 86 Wannen- und 22 Brausebädern entstand in erster Linie ein Ort der hygienischen Grundversorgung für alle, die weder über ein eigenes WC noch über eine Dusche verfügten. Diese schöne Tradition der sozialen Teilhabe gilt im *Müller'schen Volksbad* bis heute. Wer will, kann Bedürftigen mit dem Angebot *Frische geschenkt* einfach eine Karte für das Wannen- und Brausebad spendieren und so etwas mehr Menschenwürde ermöglichen.

AA

Direkt neben dem Volksbad liegt der bio-zertifizierte Biergarten am Muffatwerk, der bei schönem Wetter täglich ab Mittag geöffnet ist.

Klinglwirt
Balanstraße 16
81669 München
089 85676199

17 Bayerisches Slow Food

Klinglwirt

Ein Restaurantbesuch in München ist für viele untrennbar mit Schweinsbraten, Knödeln und Krautsalat verbunden. Dazu noch urige Wirtshausatmosphäre, die oft beschworene bayerische »Gmiadlichkeit« und der Tag ist perfekt! Fast, denn es geht noch besser. Was, wenn das Essen nicht nur »sau guad«, sondern auch bio wäre? Der *Klinglwirt* bringt genau das zusammen und ist Münchens erstes zertifiziertes Bio-Wirtshaus. Verrückt, dass es bis ins Jahr 2011 dauerte, bis jemand auf die großartige Idee kam, bayerische Schmankerl in Bio-Qualität anzubieten.

Am Ende nahm die gelernte Diplom-Betriebswirtin Sonja Obermeier die Sache mit viel Herzblut in die Hand. Ihr Konzept? Sie wollte die Familientradition wieder aufleben lassen und die Essenz der beliebten Dorfgaststätte ihres Uropas in die große Stadt holen. Erst mal gar nicht so einfach in direkter Nähe von Verkehrsknotenpunkten wie der Rosenheimer Straße, die nicht gerade für beschauliche Ruhe bekannt ist. Trotzdem hat die Neu-Wirtin es geschafft, dass man sich bereits beim Überschreiten der Türschwelle sofort wie zu Hause fühlt und die Stadt vergisst. Ein Maibaum mitten in der Wirtsstube, rustikale Tische und Stühle aus dunklem Holz, karierte Kissen und eine Speisekarte voll kulinarischer Genüsse, die täglich frisch zubereitet werden. Für Fleischesser gibt es beim *Klinglwirt* allseits beliebte Klassiker wie Biergulasch oder Schweinsbraten mit Bio-Fleisch von den Herrmannsdorfer Landwerkstätten. Für Vegetarier und Veganer stehen Gerichte wie zum Beispiel köstliche Käsespätzle oder vegane Schupfnudeln mit Gemüse zur Auswahl. Bayerisches Soulfood im besten Sinne, das denkt auch *Slow Food Deutschland* und prämiert das Restaurant seit seiner Eröffnung Jahr für Jahr aufs Neue in seinem Genussführer.

AA

Die beste Freundin der Wirtin hat die turbulente Gründungsphase des Restaurants in dem witzigen Buch *Drei Bier auf die Vier* festgehalten.

Stemmerhof
Plinganserstraße 6
81369 München
089 76755965

18 Dorfgefühl mitten in der Stadt

Stemmerhof

Was würden Sie sagen, wenn ich Ihnen erzählte, dass noch bis in die 1990er-Jahre Milchkühe mitten in der Stadt grasten? Damals war der Stemmerhof in Sendling Münchens letzter landwirtschaftlich betriebener Bauernhof und ein Ort mit langer Tradition und Geschichte. Bereits im Jahre 1381 findet der Hof am Sendlinger Berg, dem westlichen Isarhochufer, erstmals Erwähnung in den Archiven. Bis 1992 wurden hier Kartoffeln für die Schnapsherstellung angebaut, Hühner legten ihre Eier und 46 Milchkühe lieferten täglich Milch, Sahne und Butter für den kleinen Hofladen. Damals gab es wohl kaum ein Fleckerl so nah am Stadtzentrum, an dem das »Millionendorf« München mehr zu spüren war als an der Plinganserstraße 6.

Der Bauernhof existiert mittlerweile zwar nicht mehr, aber die Dorfidylle ist geblieben. Noch heute versprüht das Gebäudeensemble mit seinem zentralen Innenhof einen besonderen Charme und wurde in seiner Ursprungsform erhalten. Einzig die Nutzung der Räumlichkeiten hat sich inzwischen verändert. Als erstes eröffnete Elisabeth Stemmer-Kunz 2001 in der alten Wagenhalle den *Biomarkt Stemmerhof*, der neben ökologischen Lebensmitteln und einer Frischetheke auch eine schöne Auswahl an Naturkosmetik im Sortiment hat. Dem Bioladen folgten nach mehreren Sanierungen Veranstaltungsräume, Gastronomiebetriebe wie der *Hof Laden* mit seiner regionalen Brotzeit und kleine Geschäfte wie der Fahrradladen *Bike Concepts*. So hat sich der Stemmerhof auf über 2.800 Quadratmetern Fläche Schritt für Schritt neu erfunden und bietet seinen Besuchern einen entspannten Platz zum Verweilen, zum Einkaufen und für kulturelle Begegnungen. Eben genau wie die Idealvorstellung eines Dorfplatzes 2.0 mitten in der Stadt.

AA

Direkt hinter dem Stemmerhof liegt die städtische Grünanlage *Stemmerwiese*. Wo früher Milchkühe weideten, ist heute viel Platz zum Entspannen und Dösen in der Sonne.

Fürstenfelder Restaurant
Fürstenfeld 15
82256 Fürstenfeldbruck
08141 88875410

19 Bio-Genuss und Kultur

Restaurant *Fürstenfelder*

Manchmal ist es schon seltsam. Da haben die Münchner wahre Schätze direkt vor ihrer Haustüre und doch kennen sie viele nur als Ausfahrten, wenn sie auf der Autobahn daran vorbeifahren. Fürstenfeldbruck gehört definitiv zu dieser bayerischen Terra incognita und das völlig zu Unrecht. Die Kreisstadt bietet nämlich genug wunderbare Sehenswürdigkeiten, um einen Wochenendausflug gut zu füllen. Romantischer Altstadtflair, eine Wallfahrtskirche, die Amperauen, die sagenumwobene *Edignalinde* im Stadtteil Puch, deren hohes Alter nur schwer zu schätzen ist – all das ist von München aus in weniger als 30 Minuten bequem mit der S-Bahn zu erreichen. Das kann sich durchaus sehen lassen. Nicht vergessen sollte man auch das ehemalige Zisterzienserkloster Fürstenfeld mit seiner atemberaubenden Barockkirche *St. Maria Himmelfahrt* und der ehemaligen Klosteranlage. Hier locken heute Kunst, Kultur und eine hervorragende Gastronomie zahlreiche begeisterte Besucher.

Die wohl beste Adresse für nachhaltigen Genuss ist das Restaurant *Fürstenfelder* im früheren Kuhstall des Klosters. Statt mit Gras und Heu verwöhnt das Team von Uschi und Gerhard Kohlfürst seine Gäste mit gehobener, moderner Bio-Küche und auch Vegetarier und Veganer gehen mit einem zufriedenen Lächeln nach Hause. Hochwertige Produkte, langjährige Partnerschaften mit Landwirten und Erzeugern, Kreativität und Liebe zu gutem Essen verbinden sich in den atmosphärischen Räumlichkeiten zu einem Gaumenschmaus der Extraklasse. Kein Wunder, dass die innovative und nachhaltige Küche 2021 mit dem grünen Michelin-Stern ausgezeichnet wurde. Wer nicht in skandinavisch angehauchtem Stil im gemütlichen Kappengewölbe speisen möchte, der kann es sich in der warmen Jahreszeit draußen im Hof des Zisterzienserklosters bequem machen und den herrlichen Ausblick genießen.

AA

Sie wollen länger bleiben? Zur *Fürstenfelder*-Familie gehört auch ein Vier-Sterne-Biohotel – nur einen Katzensprung vom Restaurant entfernt.

Das Fünfseenland und Zugspitzland

Kunstautomat
Spitalplatz 393
86899 Landsberg
am Lech

20 Große Kunst zu kleinem Preis

Kunstautomat

In Landsberg am Lech kann man sich Kunst einfach aus einem Automaten ziehen, genauer gesagt aus einem ausrangierten Zigarettenautomaten. Die sechs Schächte für die einstigen Zigarettenschachteln sind nun mit unterschiedlicher Kunst bestückt. Vier Monate lang können die signierten und nummerierten Arbeiten käuflich erworben werden. Danach wird der Automat wieder mit neuen Kunstgegenständen von sechs neuen Künstlern befüllt.

Nur fünf Euro kostet ein Kunstwerk, jedes natürlich ein Original! Günstiger lässt sich Kunst wohl kaum nach Hause holen. Der Automat hat schon viele Stammgäste, die sich mit diesen Werken eine – im wörtlichen Sinn – kleine Kunstsammlung aufgebaut haben. Er erfreut sich großer Beliebtheit. Beinahe alle Schächte sind lange vor Ablauf der sogenannten Spielzeit bereits geleert. Das liegt sicherlich auch daran, dass der Automat auf öffentlichem Grund steht – dem Spitalplatz am Fuße der Alten Bergstraße. Dadurch lässt sich Kunst rund um die Uhr erwerben.

Die Idee zu diesem bei Einheimischen und Touristen gleichermaßen beliebten Kunstobjekt hatte der 1965 in München geborene Künstler Gregor Netzer, der jetzt in Landsberg am Hauptplatz wohnt. Zusammen mit acht weiteren Kunstbegeisterten gründete er am 11. Mai 2015 den Verein Künstlerforum Kunstautomat Landsberg e.V. und wurde Vorsitzender. Erklärtes Ziel des Vereins ist es, Kunstprojekte zu fördern und damit jungen noch nicht bekannten Künstlern ein öffentliches Forum zu bieten.

Der Kunstautomat steht neben dem Ruethenfest-Brunnen, geschaffen 2001 von Bildhauer Joachim Maria Hoppe. Der Brunnen erinnert an das gleichnamige Fest, eines der größten Kinderfeste Landsbergs. Es wird alle vier Jahre veranstaltet und dauert neun Tage.

HG

Die alte Bergstraße, die vom Spitalplatz zum Kloster führt, ist eine Entdeckung wert. In den historischen bunten Häusern haben sich attraktive kleine Geschäfte angesiedelt. www.alte-bergstrasse.de

Hochseilgarten Ammersee
Fahrmannsbach-
straße 2
86919 Utting
08806 9234920

Segelschule Ernst
Im Freizeitgelände 10
86919 Utting
08806 534715
(Bootsverleih)

21 Klettermaxe auf einem Piratenschiff

Hochseilgarten Ammersee

Klettern, Balance halten, Angst überwinden, Kribbeln im ganzen Körper verspüren oder ungeahnte Kräfte mobilisieren. Die Gründe für einen Besuch des mehrfach ausgezeichneten Hochseilgartens nahe dem Ammersee sind genauso vielfältig wie das Publikum dort. Abenteurer aller Altersklassen kommen bei dieser Herausforderung auf ihre Kosten.

Hauptattraktion des an spannenden Angeboten reichen Kletterparks ist das Piratenschiff Wilde Gretel, auf dem man sich richtig austoben kann. Wo sonst lässt sich ein hoher Schiffsmast erklimmen und vom Mastkorb aus einen herrlichen Blick auf den nahen Ammersee genießen?

Alle Klettereien werden selbstverständlich von bestens ausgebildeten Sicherheitstrainern beaufsichtigt. Es können bis zu vier Routen auf vier verschiedenen Höhenstufen erklommen werden. Oben angekommen befindet man sich stolze 13 Meter über der Erde. Eingebaut sind in den Erlebnisrouten Kletterübungen wie zum Beispiel Seilbahn zum Anker, Spinnennetz, Brasilian Highway, Steigbügel und Burma Brücke.

Wer es etwas weniger Blutdruck steigernd angehen möchte, wählt einen der drei unabhängigen Parcours, die bis maximal einem Meter über der Erde liegen. Diese mit einem durchlaufenden Sicherungssystem versehenen Strecken eignen sich auch für kleine Kletterer ab sechs Jahren.

Die Klettereien in dem Piratenschiff sind besonders bei Gruppen beliebt. Die (notgedrungene) Zusammenarbeit hoch oben auf den Kletterseilen verbessert die Teamfähigkeit und schafft untereinander (wieder) Vertrauen. Kompetente Teamtrainer stehen hilfreich zur Seite. Das Erlebnis »Gemeinsam etwas schaffen« hat schon manche Firma oder Familie wieder enger zusammengeschweißt! Während der Wintermonate ist der Hochseilgarten – wetterbedingt – geschlossen.

HG

Die Segelschule Ernst in Utting beim Dampfersteg verleiht Segel-, Tret-, Elektro- und Ruderboote. An Sommerwochenenden ist eine vorherige Reservierung empfehlenswert!

Seeanlage
Seestraße
86938 Schondorf

Tourist-Information
Bahnhofstraße 44
86938 Schondorf
08192 8899

Seerestaurant Forster
An der Point 2
86938 Schondorf
08192 219

22 Kunst, Spiel und Spaß am Wasser

Seeanlage

Die schöne Seeanlage in Schondorf ist deshalb ein beliebter Treffpunkt, weil sie für jeden einfach das Passende bietet. Genussmenschen erfreuen sich an der malerischen Lage direkt am Ammersee mit Blick auf das beeindruckende Barockensemble, das Kloster Andechs am anderen Seeufer und auf die Alpenkette, die sich hinter dem See-Ende imposant aufbaut. Spannende Hauptattraktion abenteuerlustiger Kinder auf dem Spielplatz im Süden der Seepromenade ist das große Piratenschiff, das in den 1990er-Jahren von einem Landsberger Künstler aus Eichenholz gebaut wurde. Gleich daneben kann man seine Ballkünste, Schlagfertigkeit und Konzentration auf der 2020 komplett sanierten, hübschen Minigolf-Anlage unter Beweis stellen. Diejenigen, die nicht nur am, sondern auf dem Wasser Spaß haben möchten, starten vom Dampfersteg aus zu einer Rundfahrt über den See oder mieten sich ein Tret- beziehungsweise Ruderboot.

Pilger zieht es zur stillen Andacht in das romanische Kirchlein St. Jakobus. Im Inneren des bescheidenen Gotteshauses dominiert ein farbenfrohes Kunstwerk, der barocke Hochaltar (1660/70), der unter anderem den Heiligen Jakobus zeigt. Ein beeindruckend schönes Beispiel von gegenwärtiger Kunst ist die Bronzeskulptur *Die Liegende*. Das lebensgroße Werk des Dießener Bildhauers Matthias Rodach, der auch das Denkmal *Der Diez* in Dießen schuf, zeigt eine klassisch geformte Dame, die ihr hübsches Haupt bequem auf einen Holzsockel bettet. Ihre gewellten Körperlinien setzen sich in den Wellenlinien des Sees fort.

Wenn nach so viel Kunst und Spaß langsam der Hunger aufkommt, laden ein kleines Restaurant mit schöner Terrasse und eine alte Gastwirtschaft mit schattigem Biergarten zu lukullischen Genüssen ein, von denen einige fangfrisch aus dem Ammersee stammen.

HG

Im Sommer verspricht das nostalgische Strandbad Forster aus den 1920er-Jahren Badevergnügen. Auch das dortige Restaurant mit traumhaftem See- und Alpenblick ist empfehlenswert!

MS Utting
Heimathafen an der
Landsberger Straße
beim Dampfersteg
82266 Inning-Stegen

23 Zwei Schiffe gehen auf Reisen

MS Utting, Heimathafen in Stegen

Am 7.7.2017 wurde das 34. Schiff der Bayerischen Seenschifffahrt feierlich auf den Namen MS Utting getauft. Das rund 5,4 Millionen Euro teure Vorzeigeschiff bietet Platz für 500 Gäste. Gebaut wurde die äußere, 50,8 Meter lange Hülle des Ausflugsschiffes in einer Werft bei Bonn. Die Innenräume erhielten ihr Aussehen vor Ort.

Der Transport an den Ammersee gestaltete sich abenteuerlich! Bis ins mittelfränkische Roth verlief alles so, wie es sich für ein Schiff gehört: Es schipperte auf dem Main- und Rheinkanal, anschließend auf dem Main-Donau-Kanal. Nach weiteren Etappen musste der Dampfer über den Autobahnring bis zu seinem Heimathafen in Stegen am Ammersee transportiert werden.

Den Schiffsrumpf beförderte ein 68 Meter langer Laster – zu lang für die Autobahnausfahrt bei Stegen. Deshalb erhielt der von Polizeiwagen eskortierte Konvoi eine Sondererlaubnis, die Einfahrt der Gegenspur zu benutzen. Dafür wurde nachts die Autobahn gesperrt und die Mittelplanke abmontiert. Die Aktion wurde erfolgreich abgeschlossen und bald drauf hatte das Schiff wieder Wasser unter dem Kiel.

Ebenfalls spektakulär verlief die letzte Fahrt der ausgemusterten alten MS Utting, die 56 Jahre durch die Wellen des Ammersees pflügte und nach München transportiert wurde. Riesige Kräne hoben den Schiffsrumpf und das abgebaute Schiffsdeck aus dem Wasser und hievten es auf zwei Laster. Mit einer Geschwindigkeit von fünf Stundenkilometern bewegte sich der Tross in die Landeshauptstadt.

Über den für den allgemeinen Verkehr gesperrten Mittleren Ring, vorbei an abgebauten Verkehrsschildern und abgeschalteten Ampeln wurde das Schiff zum Abschluss seiner Reise auf eine Eisenbahnbrücke nahe der Großmarkthalle gehievt und dient dort – nach umfangreichen Umbauten – als neue Eventlocation.

HG

Von Stegen aus werden bei der großen Rundfahrt weitere acht Orte am See angesteuert. Saison ist zwischen Ostern und Kirchweih (3. Oktoberwochenende).

Rundweg um den Wörthsee
Startpunkt: Rathaus
Seestraße 20
82237 Wörthsee-Steinebach

Sportschifffahrtschule Wörthsee
Seestraße 63
82237 Wörthsee-Steinebach
08153 7650

24 Auf dem Holzweg über dem Moor

Rundweg um den Wörthsee ab Steinebach

Der ganzjährig erleb- und begehbare Rundweg um den schönen Wörthsee führt durch die drei Gemeinden Wörthsee, Inning und Seefeld. Er ist etwa zwölf Kilometer lang, daher ist festes Schuhwerk empfehlenswert. Und im Sommer dürfen im Rucksack die Badesachen nicht fehlen, da der See fünf attraktive Bademöglichkeiten bietet.

Die herrliche Strecke, ein Projekt des engagierten Rotary Club Wörthsee, beginnt am Rathaus in Steinebach. Gewandert wird gegen den Uhrzeigersinn. Der abwechslungsreiche Weg ist bestens ausgeschildert – insgesamt 60 Hinweistafeln geben die Richtung vor – ein Verlaufen somit ausgeschlossen! Auf zehn Schautafeln erfährt der Wanderer Wissenswertes über den herrlich gelegenen See, einer der wärmsten und saubersten ganz Bayerns. Auch Erklärungen zu der sehenswerten Flora und Fauna sowie Geschichten über einige historische Häuser am Wegesrand kommen nicht zu kurz.

Für die Unterhaltung der kleinen Wanderer gibt es ein spezielles Programm: Unterschiedliche Rätsel an sechs Stationen zwischen den Badeplätzen Birkenweg und Rossschwemme müssen gelöst werden. Wer mal nicht weiterweiß, bittet eine kleine süße Maus, die Wörthseemaus, um Hilfe.

Absolutes Highlight der empfehlenswerten Wanderung ist das Bacherner Moos. Das bis zu sechs Meter tiefe Moor, eine Mischung aus unterschiedlichen Mooren und Feuchtwiesen, liegt zwischen Walchstadt und Bachern. Die Begehung des einzigartigen Naturreservats ist dank eines 120 Meter langen und 60 Zentimeter breiten Holzbohlenstegs trockenen Fußes und gefahrlos möglich. Der Steg ist absichtlich relativ schmal gebaut, damit Mountainbiker gezwungen sind, ihr Tempo zu drosseln. Ebenso wie den Rundweg um den See stemmte der Rotary Club Wörthsee auch den Bau des Steges erfolgreich.

HG

Gegenüber vom Rathaus befindet sich die Segelschule Wörthsee. Mit Verleih von Tret-, Elektro- und Ruderbooten sowie SUP-Brettern. Vielfahrer erhalten Rabatt!

Aenishänslin
Café am See
Hauptstraße 59
82234 Weßling
08153 1663

Antiquariat Appel
Hauptstraße 60
82234 Weßling am See
08153 1372

25 Kalorienzählen unerwünscht

Aenishänslin – Café am See

Einzigartig, entschleunigend und lecker! Treffender lässt sich das wundervolle Aenishänslin, Café am See, in exponierter Uferlage nicht beschreiben. Im Sommer sitzt man unter weiß-blauen Sonnenschirmen und kann – mit Blick auf den See – bestens entspannen und genießen.

Der Chef des Hauses, Tobias Aenishänslin, stellt die köstlichen Kuchen und Torten selbst her und verziert sie liebevoll – jeden Tag aufs Neue mit großer Begeisterung – das schmeckt man. Das traditionelle Lokal ist seit 1932 in Familienbesitz.

Die Geschichte des Gebäudes begann im Jahr 1914, als erste Ideen für ein Haus am Ufer des Weßlinger Sees aufkamen. Nach dem Ersten Weltkrieg bekam der Uropa des heutigen Chefs die begehrte Konzession für einen Wein- und Weinbrandausschank. Nach dem Zweiten Weltkrieg sorgte der Opa von Tobias mit seiner Bäckerei dafür, dass die Weßlinger nicht verhungerten. Das Geschäft florierte und wurde mit einer neu eröffneten Filiale im nahen Gilching erweitert. Seit 2013 führt nun der gelernte Konditormeister Tobias beide Cafés.

Der Juniorchef änderte das Konzept der Eltern, so dass aus dem Café ein Ort entstand, an dem man sich den ganzen Tag aufhalten kann. Der Morgen beginnt mit einem der leckeren Frühstücksangebote. Wer möchte, kann sich die schmackhafte Stärkung selber zusammenstellen. Mittags gibt es eine kleine Mahlzeit in Form von diversen Suppen, einem Strammen Max (Spiegeleier mit Schinken) oder Burger-Varianten. Zur Kaffeezeit wird's süß und kalorienreich. Köstliche Torten und Kuchen – die Auswahl fällt nicht leicht! Die Kleinen bekommen noch ein Eis – wie (fast) alles hier im Haus handgemacht. Wer noch Lust hat, wandert anschließend um den See (circa eine Stunde). Alle anderen bleiben einfach sitzen und genießen den herrlichen Sonnenuntergang!

HG

Der Schwerpunkt der im Antiquariat Appel angebotenen Bücher in der Hauptstraße (gegenüber der Gemeindegalerie) liegt in den Schönen Künsten: Literatur, Musik und Bildende Kunst

Schloss Seefeld
Schlosshof 9
82229 Seefeld
08192 79992

Kokon
Graf-Toerring-Seefeld-Straße 13
82229 Seefeld
08152 4809491

26 Buntes Leben in historischen Gemäuern

Schloss Seefeld

Oberhalb des Pilsensees thront in zauberhafter Lage auf einem Bergsporn Schloss Seefeld. Urkundlich erwähnt wurde das burgähnliche Gebäude erstmals im Jahr 1302. Seit Mitte des 15. Jahrhunderts befindet sich die großzügig gestaltete Anlage im Besitz der Grafen Toerring-Jettenbach, ein hochadeliges oberbayerisches Adelsgeschlecht.

Graf Hans C. von Toerring-Jettenbach ist vielbeschäftigt. Ist er doch nicht nur Schlossbesitzer, sondern auch Eigentümer des Wörthsees und des Pilsensees. Die beiden Seen sind seit etwa 50 Jahren an den Fischereiverein Pilsensee-Wörthsee verpachtet, der sich auch um die Seepflege kümmert. Mehr als 2.300 Hektar Wald sind ebenfalls im Besitz der Grafen-Familie.

Der Erhalt dieser enormen Schlossanlage verschlingt immense Geldsummen! Daher werden Teile des Gebäudes vermietet. Entstanden ist eine gelungene Mischung aus Kunst, Essen und Lifestyle: beispielsweise die hochkarätigen Veranstaltungen im Sudhaus, organisiert vom Seefelder Kulturverein, oder das mehrfach ausgezeichnete Kino Breitwand, das auch Spielstätte des renommierten sommerlichen Fünf Seen Filmfestivals ist. Weiterhin bereichert die Schlossanlage eine Galerie, die zeitgenössische Kunst präsentiert. Auch im malerischen, 1736 wiederaufgebauten Torbogengebäude logiert stilvoll ein Atelier, das Schmuck und Taschen offeriert.

Wer nach so viel Kunstgenuss Hunger verspürt, kehrt in der gemütlichen Gastwirtschaft Bräustüberl in der historischen Mälzerei ein. Darin wurde einst das Graf-Toerring-Bier gebraut, das mittlerweile aus dem Brauhaus in Freising kommt. Der Sudkessel in der Wirtsstube erinnert an die alten Brauzeiten. Im Sommer lädt der Biergarten vor mittelalterlicher Kulisse zu einem entspannten Besuch mit leckerem Essen ein.

HG

Im alten Marstall bietet das Geschäft *Kokon* hochwertige Produkte wie Textilien, ausgefallene Dekorationen oder Möbel für ein gemütliches Zuhause an.

Kloster Andechs
Bergstraße 2
82346 Andechs
08152 3760

27 Die fromme Helene auf dem Heiligen Berg

Kloster Andechs

Der idyllisch auf einem Höhenrücken zwischen dem Ammersee und dem Starnberger See gelegene Ort Andechs ist auch wegen seiner Molkerei bekannt. Das 1908 als Käserei gegründete Familienunternehmen hat sich bis heute zur größten deutschen Bio-Molkerei gemausert. Aber natürlich assoziiert fast jeder mit Andechs das hier ansässige Kloster und die sieben Biersorten, welche die Benediktinermönche auf dem sogenannten Heiligen Berg brauen und abfüllen. Der jährliche Bierausstoß liegt bei über 100.000 Hektoliter.

Kloster Andechs ist der älteste und – nach Altötting – der zweitgrößte Wallfahrtsort Bayerns. Die zauberhafte dreischiffige Wallfahrtskirche, offiziell *Wallfahrtskirche St. Nikolaus und Elisabeth* genannt, wurde 1423 bis 1427 erbaut. Die wundervollen Rokoko-Verzierungen und die vier opulenten Deckenfresken im Inneren des Gotteshauses stammen von dem bekannten Stuckateur Johann Baptist Zimmermann (1680–1758) aus Wessobrunn. Die Kirche wird wegen ihrer ausgezeichneten Akustik gerne für Konzerte genutzt wie beispielsweise bei der Veranstaltungsreihe *Orgelherbst* mit internationalen Organisten. In der *Schmerzhaften Kapelle*, einer Seitenkapelle, fand der berühmte Komponist und Musikpädagoge Carl Orff (1895–1982) seine letzte Ruhestätte.

Doch zurück zu weltlichen Dingen! Denn auf dem Klosterberg wird natürlich auch für weltliche Genüsse gesorgt: Das Bräustüberl, über Jahrhunderte hinweg beliebte Pilgergaststätte, der 1438 als herzogliche Tafernwirtschaft erbaute Klostergasthof und die große Terrasse mit grandiosem Weitblick sind beliebte Ausflugsziele, nicht nur für Pilger!

Auch der Zeichner und Dichter Wilhelm Busch (1832–1908) war gerne Gast. In Andechs entstand das zwölfte Kapitel *Die Wallfahrt* der Bildgeschichte *Die fromme Helene.* Ob die dichterische Inspiration vom Bier oder der gemütlichen Atmosphäre kam, ist nicht überliefert.

HG

Das Kloster ist auch ein Ort für zahlreiche kulturelle Veranstaltungen wie das *Carl Orff Fest*, Orgelmatineen oder die AMMERSEErenade.
www.andechs.de, www.carl-orff-fest.de, www.ammerseerenade.de

Brauerei Dachsbräu
Murnauer Straße 5
82362 Weilheim
0881 2261

Climbingworld GmbH
Kletterhalle »Under the ROOF«
Weilheim
Trifthofstraße 58
82362 Weilheim
0881 41122

28 Kultiges Bier in der Region

Brauerei Dachsbräu

In der geschichtsträchtigen Dachsbräu-Brauerei mit Gastwirtschaft wird seit ihrer Gründung im Jahr 1879 Bier gebraut. Georg Dachs, der zuvor in der Gabelsbergerstraße in München den beliebten Gerstensaft braute, rief sie ins Leben. Noch im gleichen Jahr begann der umtriebige Geschäftsmann mit der Herstellung von Weizenbier und Braunbier.

Der Traditionsbetrieb braut etwa achteinhalbtausend Hektoliter im Jahr. Probieren kann man das bayerische Nationalgetränk entweder in der hauseigenen historischen Gaststube, in der Region und rund um den Ammersee. Nach wie vor wird das Bier mit viel Handarbeit und noch mehr Erfahrung streng nach dem Bayerischen Reinheitsgebot hergestellt. Hopfen, Wasser, Malz und Hefe – mehr braucht es nicht, um ein süffiges Endprodukt zu erhalten. Das Geheimnis liegt in der richtigen Mischung und in guten Zutaten. Und die kennen Braumeister Ulrich Klose und sein Sohn Günter, ebenfalls Braumeister, genau!

Nach einer Lehre im hauseigenen Betrieb, Besuch der Ausbildungsstätte für bayerische Braumeister in Weihenstephan und Gesellenjahre bei einer großen Münchner Bierbrauerei produziert der Meister zusammen mit seinem Sohn 13 verschiedene Biere. Darunter das Dunkel, das normale Helle, Weilheimer Festbier, das Weilheimer Jubiläumsbier, das extra zur 1.000-Jahr-Feier der Stadt entwickelt wurde, Weilheimer Urhell, Weizen, leichtes Hefe-Weizen und Weizenbock. Rund 7.500 Liter werden vom Ultimator-Bier gebraut – ein Starkbier, das es nur zur Fastenzeit gibt. Der zelebrierte Starkbieranstich in der Wirtsstube ist ein regionales gesellschaftliches Ereignis!

In der Gastwirtschaft wird ebenfalls Wert auf Tradition gelegt. Ausgezeichnete, solide zubereitete bayerische Klassiker aus vorwiegend regionalen Zutaten bestimmen die Speisekarte. Dann mal prost und guten Appetit!

HG

Die Kletterhalle *Under the ROOF* in der Trifthofstraße bietet Kletterspaß für jedes Können. Wer sich nicht allein traut, kann einen Kletterkurs besuchen.

Schloss Starnberg
Schlossbergstraße 12
82319 Starnberg

Buchhandlung Bücherjolle
Kirchplatz 3
82319 Starnberg
08151 12828

29 Behörde in herrschaftlichen Gemäuern

Schloss Starnberg

Wer die Autobahn von München kommend bergab nach Starnberg fährt, sieht schon von Weitem das Schloss Starnberg, eines der ältesten Schlösser der Fünfseenregion. Wann genau die einst mächtige Burganlage auf einem lang gestreckten Bergzug erbaut wurde, lässt sich nicht mehr exakt datieren, vermutlich im 11. Jahrhundert. 1244 wurde die Burg erstmals unter dem Namen *Starnberch castrum* erwähnt.

Dem Grafen von Andechs diente sie als Verteidigungsburg gegen die nahe gelegene Karlsburg der Wittelsbacher im Würmtal bei Leutstetten. Von der Karlsburg ist heute nur noch der Burgstall erhalten. Nach dem Tod des letzten Andechsers im Jahr 1248 verleibten sich die Wittelsbacher dessen Burg ein. Als das Gebäude seine militärische Bedeutung verloren hatte, diente es als Sommerwohnsitz.

Im 15. Jahrhundert baute man die Burg in ein komfortables Schloss um – ganz im Stil der damals so beliebten Renaissance. Das Gemälde aus dem Jahr 1541 an der Außenmauer der Schlossfassade erzählt von dieser Zeit. 1643 zerstörten die Schweden große Teile des Schlosses. 1734 vernichtete ein Brand die inzwischen barocken Mauern. Was das Feuer übriggelassen hatte, verfiel zusehends im Laufe der Jahre. Ab 1803 bezogen Rent- und Forstamt das Schloss.

Nach einer umfassenden Restaurierung zog das Finanzamt in die historischen Gemäuer ein. Im 2001 umgebauten historischen Säulensaal befindet sich das Servicezentrum der Behörde. Ein tiefer Graben, über den sich eine dreibogige Brücke spannt, trennt die frei zugängliche Gartenanlage, die einstige Vorburg, von der Hauptburg. Der Lustgarten wurde 1764 in einen Nutzgarten mit Obst und Gemüse umgewandelt. 1979 erhielt die Gartenanlage mit traumhaftem Ausblick auf den See und die komplette Alpenkette ihren barocken Charakter wieder.

HG

Die Literaturzeitschrift *Starnberger Hefte* ist aus einem Literaturzirkel am Gymnasium des Ortes hervorgegangen; zu beziehen in der Starnberger Buchhandlung Bücherjolle.

Museumsschiff Tutzing
Nemesweg
(zwischen Kustermannpark und Touring Yacht-Club)
82327 Tutzing
08158 1087 (Verein)
0172 8109135
(Café & Bistro)

30 Auf dem historischen Dampfer

Museumsschiff Tutzing

Was geschieht mit einem stolzen Fahrgastschiff aus dem Jahr 1936, das mehrere Millionen Seemeilen auf dem Starnberger See zurücklegte und 1995 aus dem Verkehr genommen wurde? Es wird verschrottet!

Vor diesem Schicksal wollte der 1997 gegründete gemeinnützige Museumsschiffverein Tutzing das in einer Deggendorfer Werft erbaute Schiff bewahren. Das Technikdenkmal bayerischer Schiffbaukunst sollte der Öffentlichkeit erhalten bleiben und ein geselliger Treffpunkt am See mit diversen Veranstaltungen werden. Beides ist bestens gelungen!

Nachdem der Verein das beinahe 33 Meter lange und 7,85 Meter breite Schiff zum symbolischen Preis von einer D-Mark von der Bayerischen Seenschifffahrt gekauft hatte, begannen die Sanierungsarbeiten. Nicht nur auf den drei Außen- und zwei Innendecks gab es reichlich zu tun; die *Tutzing* musste auf den aktuellen Stand der Technik gebracht werden. Da galt es, zahlreiche Vorschriften einzuhalten, beispielsweise im Bereich der Sanitäranlagen. Die aufwendigen Bauarbeiten erstreckten sich über drei Jahre.

Ein fast 40 Meter langer Steg, an dem das Museumsschiff vertäut ist, wurde aus Tiroler Lärchenstämmen neu errichtet. Nach der Abnahme übergaben die zuständigen Behörden die *Tutzing* am 27.7.2001 feierlich der Öffentlichkeit. Seitdem sind die offenen Schiffsdecks und das Bistro gern besuchte regionale Treffpunkte.

Im Inneren des Schiffes befinden sich noch die original erhaltene Kombüse und Fahrkartenausgabe sowie zwei Fahrgasträume, die bei schlechtem Wetter zum gemütlichen Verweilen einladen.

Während der Sommermonate finden auf der ersten und einzigen Schiffsbühne Bayerns verschiedene Veranstaltungen statt. Das Angebot reicht von Jazz-Konzerten bis hin zu Kabarett-Abenden. Sonntagskonzerte sind gratis. Zwischen Mai und Oktober können Heiratswillige auf dem Schiff in den Hafen der Ehe fahren und sich standesamtlich trauen lassen.

HG

Das Café Erin in der Hauptstraße 40 verwöhnt mit unterschiedlichen Kaffeesorten. Unbedingt die Germknödel probieren!
www.cafeerin.de

Schaugarten Seeshaupt
Bahnhofstraße 40
82402 Seeshaupt
08801 592

31 Spazierweg in einer Blüte

Schaugarten

Der etwa 2.500 Quadratmeter große Schaugarten Seeshaupt liegt im Herzen des Ortes. Angelegt wurde das Gartenparadies 2001 bis 2002 von zwei begeisterten Staudengärtnern nach streng biologischen Gesichtspunkten. Sie pachteten eine bis dahin ausschließlich wirtschaftlich genutzte Wiese und legten los. Allmählich entstanden – auch dank zahlreicher freiwilliger Helfer – Themenbeete, Trockenmauern als Heimat für Kleintiere und ein Teich.

Der Grundriss des Kleinods bildet die Form einer Blüte. Man betritt die Anlage sozusagen beim »Stengel« und spaziert dann weiter auf dem verschlungenen Garten-Erlebnisweg von den äußeren über die inneren Blütenblätter hin zum Mittelpunkt der »Blüte«, der durch einen hübschen Pavillon gekennzeichnet ist. 2013 erhielt das Projekt den Umweltpreis des Landkreises Weilheim-Schongau für besondere Verdienste um Natur- und Umweltschutz.

Der 2017 gegründete Verein Schaugarten Seeshaupt e.V. bietet verschiedene Workshops, Führungen und Kulturveranstaltungen an. Für Naturliebhaber und Hobby-Gärtner ist ein Besuch des Lehr- und Erlebnisgartens eine klare Empfehlung! Denn neben farbenfrohen und herrlich duftenden Impressionen erfährt man jede Menge Wissenswertes und »grüne« Neuigkeiten. Zu bewundern gibt es beispielsweise mehr als 1.100 verschiedene winterharte Stauden, seltene historische Rosen und in Vergessenheit geratene Kulturpflanzen. Pflanzen-Namensschilder helfen wissbegierigen Garten-Neulingen weiter.

Wer die herrliche Blütenpracht in seinen Garten holen möchte, findet in der *Grünen Ecke* am Infopavillon Tütchen mit Samen aus dem Schaugarten zum Mitnehmen. Aus eigener Ernte versteht sich! Verschiedene, zum Teil überdachte romantische Sitzplätze laden zu einem gemütlichen Picknick ein. Die dazu gehörige Brotzeit darf mitgebracht werden.

HG

Wer sich noch eingehender für naturnahes Gärtnern in dieser Region interessiert, findet im Gartennetzwerk Gartenwinkel Pfaffenwinkel den richtigen Ansprechpartner. www.gartenwinkel-pfaffenwinkel.de

Flößerpfad
Einstieg: Alte Floßlände
82515 Wolfratshausen
08171 214206
(Tourist-Info)

Freizeitpark Märchenwald im Isartal
Kräuterstraße 39
82515 Wolfratshausen
08171 3855838

32 Der Fluss ist der Weg

Flößerpfad an der Alten Floßlände

Die Flößerei hat sich verändert. Einst war sie eng verbunden mit mehreren Orten an Isar und Loisach. Heute ist sie freizeitliches Erlebnis, von Floßmeistern organisiert. Ab Wolfratshausen befahren nur noch Partyflöße die Isar. Klöster, Kirchen, Wasserfälle, Floßrutschen ziehen dann vorbei und die Flößerei dient der Feier von bis zu drei Dutzend Menschen.

Wer jedoch kein Floß besteigen will, kann im Ort rund um ein Flößerdenkmal an der Floßlände die Wasserwege der Flößerei erwandern. Dabei wird schnell klar: Die Flößerei ist ein uraltes und stolzes Handwerk. Vermutlich benutzten schon die Römer die reißenden Bergflüsse als Transportweg. Isar und Loisach dienten als schnelle Verbindung zur Donau und damit zu weiten Teilen Südosteuropas. Das Gefälle der Isar betrug zwischen Mittenwald und München annähernd 100 Meter, was eine durchschnittliche Floßgeschwindigkeit von acht bis zehn Stundenkilometern ermöglichte. Die Flöße waren damit schneller als so manches Pferdefuhrwerk, zudem waren sie flugs gebaut. Etwa 16 bis 18 Stämme, die nicht länger als 18 Meter sein durften, wurden mit Schnallen, Eisenkrampen und Drahtseilen verbunden, zudem mit Querriegeln stabilisiert und zu Wasser gelassen. Der Wert des Floßes als Transport- und Fortbewegungsmittel stieg ständig an. Im Jahr 1159 wurde den Wolfratshausener Flößern von Graf Berthold III. das Zunftrecht verliehen, alte Urkunden aus dem 13. Jahrhundert sprechen von einem blühenden Handwerk. Die Flöße transportierten Kalk, Stein oder Holz, aber auch Käse, Getreide, Instrumente, Wolle, Rüstungsgegenstände und Bier. Erst die Eisenbahn verdrängte das Floß als Transportmittel, heute ist es schlicht nur noch Vergnügen.

Kinder können anhand der Infotafeln entlang des Pfads Fragen beantworten und mit dem ausgefüllten Fragebogen an einem Gewinnspiel teilnehmen.

SB

In den Wäldern vor Wolfratshausen liegt der Märchenwald, ein Freizeit- und Erlebnispark für Klein und Groß mit Fahrgeschäften und 260 bewegten Figuren aus über 20 Märchen.

Münter-Haus
Kottmüllerallee 6
82418 Murnau
am Staffelsee
08841 628880

33 Künstlermekka mit Aussicht

Münter-Haus

Den schönsten Blick hat man vom Friedhof Murnau. Dort muss man zur obersten Reihe hinaufsteigen und findet das Grab der Malerin Gabriele Münter leicht. Von ihrer letzten Ruhestätte besteht eine Blickachse quer durch den Ort zu ihrer Wirkungsstätte, dem Münter-Haus, am gegenüberliegenden Hang in der Kottmüllerallee.

Zu ihren Lebzeiten war es unter der Bevölkerung als »Russenhaus« verschrien, da dort unverheiratete Künstler zum Teil aus dem Russischen ab 1909 Tisch und Bett teilten und diese gleich noch bunt bemalten. Schwer hatten es Wassily Kandinsky und Gabriele Münter zunächst in Murnau. Zusammen mit ihren Gästen Franz Marc, Marianne von Werefkin, Heinrich Campendonk und vielen weiteren Malern der Moderne fielen sie auf. Nicht nur privat. Ihre abstrakte, farbenprächtige Malerei gefiel den Einheimischen nicht. Es dauerte, bis die Begründer des *Blauen Reiters* in den Kunsthimmel aufstiegen, wo sie nun allgemein anerkannt thronen. Murnau feiert seine Gäste mittlerweile mit einer Dauerausstellung im Schlossmuseum und dem Münter-Haus mit Garten. Dort lässt sich anhand von Farbskizzen die detaillierte Planung der Blumenbeete durch Kandinsky persönlich nachvollziehen und im Garten überprüfen. Der dreistöckige Bau mit bauchigem Giebel, gelb getünchtem Sockel und pastelligen Wandfarben besticht von fern und nah. Drinnen finden sich Hinterglasmalerei, bemalte Bauernschränke und sogar Originale von Münters Werken. Sie entführen in die Welt einer Künstlerkommune, die die Malerei sprichwörtlich auf den Kopf stellte. Unzählige Male porträtierten sie dabei Natur, Ort und die Bergwelt in ihrem Sommermekka Murnau. Kandinsky verließ jedoch Haus und Münter, die der Gegend verbunden blieb und nun von ihrem Ruheplatz aus einen Blick auf die Stätte ihres Wirkens werfen kann.

B/S

Bildtafeln im ganzen Ort vergleichen die Vorlage mit den gemalten Panoramen von Kandinsky und Co, die Murnau ein ewiges Bildzeugnis widmeten. Die Kottmüllerallee bietet einen schönen Spaziergang in Richtung Moos.

Ortskern Bad Bayersoien
Startpunkt Spaziergang:
Georgskirche und Brandstatt
Brandstatt 4
82435 Bad Bayersoien

Kur- und Tourist-Information Bad Bayersoien
Dorfstraße 45
82435 Bad Bayersoien
08845 7030620

34 Perle im Ammergau

Spaziergang durch den Ortskern

An ein paar Ecken stimmt einfach alles. Und das schon seit langer Zeit. Seit Bad Bayersoien 1331 durch Ludwig den Bayern das Rottrecht erhalten hatte, blühte der Ort so richtig auf. Damit verbunden wurde er zum Handels- und Durchgangsort für die Fuhrwerke aus Italien. Die Höfe und Stadthäuser wuchsen, die Bewohner verdienten am Transport und die kleine Gemeinde am äußersten Rand des Werdenfelser Landes konnte sich schnell sehen lassen. Bis heute.

Einen Rundgang startet man am besten am Friedhof mit streunenden Katzen oder einer Tasse Kaffee im Biergarten des Metzgerwirtes. Gut ausgeschildert erreicht man von dort alle Nahziele für eine Erkundung. Die schönste Aussicht hat man von der kleinen Kriegergedächtniskapelle, die man nach einem kleinen Spaziergang, vorbei an weidenden Schafen und Kühen, erreicht. Hier fällt der Blick auf die nahen Ammergauer Alpen mit dem bei Wanderern beliebten Hörnle und auf die barocke Georgskirche im Ortskern neben der hübsch angelegten Brandstatt, die über die Vergangenheit der Torfgewinnung berichtet. Und man sieht das Ortshighlight, den See, der auch namensgebend für die Gemeinde ist: »Bei de« Seen (»bey de soien«) stimmt zwar nicht mehr ganz, da ein eiszeitlicher See versandet ist, doch der verbliebene lockt im Sommer mit einem kostenfreien Badestrand, einem Barfußwanderweg und einem Becken zum gesundheitsfördernden Moortreten. Die Akeleien blühen vielfarbig, Kälber und Pferde tummeln sich in den rahmenden Wiesen und sogar ein Naturkino gibt es, wo man im Liegestuhl am Steg die Seele baumeln lassen kann. Ein Kraftort ist dieser sympathische Flecken, der ebenfalls im Namen auf sein bayerisches und eben nicht schwäbisches Erbe anspielt (»Bayer«-soien). Gott sei Dank ist dieser den Werdenfelsern erhalten geblieben, denn hier stimmt für einen Ausflug schlichtweg alles.

B/S

Den schönsten Blick über den See hat man beim leckeren Abendessen auf der Terrasse des kleinen italienischen Restaurants *Il Pescatore*.

Passionstheater Oberammergau
Othmar-Weis-Straße 1
82487 Oberammergau
08822 9458888

35 Spielerisch dem Herrn nah sein

Passionsspielhaus

Das Unheil gab den Anstoß für die Kunst. Denn als Pestspiel und Dank für die Erlösung von der Seuche schworen die Oberammergauer 1643, ihr Passionsspiel abzuhalten. Seither finden alle zehn Jahre die geistlichen Spiele im Ort statt und locken Besucher aus der ganzen Welt. Das epochale Freilichttheater aber steht zwischen den Dekaden nicht leer. Alljährlich veranstaltet der Ort mittlerweile Großproduktionen, Gastspiele des Münchner Volkstheaters, neuerdings sogar Opern und das junge Heimatsoundfestival mit bayerischen Folkbands.

Als Zuschauer verfolgt man Menschenmassen auf der Bühne – bei der Passion bis zu 700 Ortsansässige – überdacht, während eine offene Kuppel den Blick auf den Abendhimmel erlaubt. Zur Kreuzigung dunkelt es und im finster werdenden Zuschauersaal glimmen überall kleine Lämpchen der nicht deutschsprachigen Besucher mit Textbüchern auf, die mittlerweile 70 Prozent der Gäste des geistlichen Großereignisses ausmachen. Eine Vorstellung in dem wahrlich biblischen Ambiente lohnt sich ebenso wie eine Führung durch den modernen Bühnenbau. Der Ort verwandelt sich an Theaterabenden in einen kulturellen Großraum. Barinseln sind um das Haus verteilt, die bärtigen Darsteller wandern zur großen Spielpause durch den Ort, wenn sie nicht in den Garderoben bis zur Auferstehung karteln. Schließlich verbringen die Laiendarsteller in Passionsjahren über hundert Aufführungen im Theater – vor quasi immer ausverkauften Rängen. Ab Aschermittwoch dieser Jahre lassen die Spieler Bart und Haar wachsen, es sei denn, sie gehören zu den geschorenen Römerdarstellern.

2030 ist es wieder so weit, doch bis dahin stehen alljährlich Zwischenproduktionen an. Der einheimische Intendant Christian Stückl tut dabei alles, um aus der Pestkatastrophe jährlich Künstlerisches zu schaffen. Die Oberammergauer unterstützen ihn dabei mit Erfolg.

B/S

Vorplatz und Lobby erzählen die Geschichte der Passionsspiele, bei denen teils drei Generationen von Oberammergauern zugleich teilnehmen.

Kloster Ettal
Kaiser-Ludwig-Platz 1
82488 Ettal
08822 740

Ettal ist erreichbar über den gleichnamigen Berg von Oberau aus. Die Straße führt danach weiter ins Ammergau.

36 Der Zug des suchenden Bräutigams

Kloster Ettal

Zu jeder gescheiten Hochzeit im Werdenfelser Land gehört das »Brautverziehen«, bei dem der alleingelassene Neuvermählte von Wirtshaus zu Wirtshaus ziehen muss, um nach gegebener Zeit oder einem guten Tipp seine Holde mit der ganzen Hochzeitsgesellschaft wiederzufinden. Eine Suche der besonderen Art erlebte ich bei einer Hochzeit in Ettal, die gleichzeitig als nachlaufenswerter Spaziergang zu den schönsten Ecken des Klosterörtchens führt. Der Bräutigam musste samt Musik und Gästen am Hotel *Ludwig der Bayer* starten. Er umrundete linksherum den prächtigen Klosterbau samt weiten Innenhöfen. Wie der Bräutigam auf der Suche nach seiner Neuvermählten gehen wir hinter die massive Kuppel des barocken Kirchenbaus, der heute vom Umbau im 17. Jahrhundert zeugt. Hinter dem Kloster verstecken sich die für Benediktiner typischen Brauereigebäude.

Ettaler Bier und vor allem der kräuterhaltige Ettaler Klosterlikör wird noch heute landauf, landab und selbstverständlich gerade bei Hochzeiten gerne getrunken. In der Destillerie, die heute ein Museum und Veranstaltungsräume beherbergt, fand der Hochzeiter seine Braut wieder und der Gast kann in die flüssige Klostergeschichte schnuppern und danach den weiten Bau umrunden, um das sakrale Kunstwerk etwas genauer zu betrachten.

Kein Bräutigam, aber ein Kaiser, nämlich Ludwig der Bayer, legte bereits 1330 den Grundstein für den Klosterbau, der noch immer als namensgebendes Zentrum des kleinen Ortes auf dem Weg nach Oberammergau besteht. Geheiratet wird weiterhin nach alter Tradition des Suchens und Findens der Liebe. Es lohnt sich, diesen Klosterrundgang auf den Spuren der Brautleute und der Mönche nachzugehen, um eine eigene Hoch-Zeit im klösterlich idyllischen Ettal zu erleben.

B/S

Die Basilika ist nicht mehr im kaiserlichen Zustand ihrer Frühform, doch ein prunkvolles barockes Beispiel bayerisch-klösterlicher Kirchenkunst.

Kuhfluchtfälle
Startpunkt: Wanderparkplatz
Kuhflucht
Kuhfluchtweg
82490 Farchant

37 Am königlichen Abgrund

Kuhfluchtfälle

Ein wenig schüchtert der verbogene Stahlträger schon ein, der da geknickt wie ein dürrer Ast mitten in den Kuhfluchtfällen quer im Fluss hängt. Dieser Rest einer zerstörten Brücke erinnert an das Pfingsthochwasser 1999. Wie imposant und gleichzeitig gefährlich die aus dem Gebirge herunterstürzenden Wassermassen sein können, erlebt der Wanderer – aus sicherer Entfernung – am Wanderweg zu den Kuhfluchtfällen. Allein das je nach Abstand zum Wasser ansteigende oder leiser werdende Brausen des Wassers lockt zu den Fällen.

Kein davonrennendes Rindviech, sondern der lateinische Begriff *confluctum,* Zusammenfluss, gab dem spektakulären Wasserfall seinen Namen. Entlang des Weges sieht man auf verschiedenen Etagen kleinere und größere Fälle, ausgeschwemmte Gumpen und schließlich aus der Felswand fallendes, schäumendes Bergwasser. Etwa eine halbe Stunde marschiert man einen immer attraktiver werdenden Pfad zuletzt auf quietschenden Stahltreppen bis zu einem Aussichtspunkt, von dem aus der geübte Wanderer weiter auf den Fricken steigen kann. Doch schon die dortige Aussicht in ein großes herzförmiges Becken lohnt den Aufstieg. Von hier aus scheint es, als fließe der Bach wieder bergauf, um auf der anderen Seite einige Meter in das nächste Becken hinabzusprudeln. Diese optische Täuschung lockte bereits den bayerischen König Max II., der zusammen mit dem berühmten Volksdichter Kobell hier rastete. Damals wie heute riecht es nach faulen Eiern, wenn der Fels bricht: Über 200 Millionen Jahre alter Faulschlamm bildet zusammen mit Dolomitgestein diese Schluchtenformation. Das können Sie im Kleinen leicht ausprobieren, da verschiedene Plätze am Wasser zum Steinwurf einladen. Besieht man die vom Flusslauf verformten Felsen wie den gebogenen Stahlträger, dann bekommt man einen Eindruck von der Kraft dieser Fälle.

B/S

Von der höchsten Panoramabank rechter Hand der Fälle sieht man in sechs Wasserbassins zugleich, die von den Wasserfällen gespeist nebeneinander liegen.

Alte Kirche Garmisch
Pfarrhausweg 4
82467 Garmisch-Partenkirchen

38 Sakrales Kleinod aus Burgenstein

Alte Kirche Garmisch

Im barockverliebten Bayern ist es immer eine Wohltat, auch ältere Kirchen zu besuchen, die nicht mit Gold und Stuck protzen. Ein wirklich altes und kunsthistorisch interessantes Gotteshaus steht in der Nähe des Garmischer Friedhofes und wird noch gerne für Taufen und Hochzeiten genutzt.

Erbaut aus den Steinen der Feste Werdenfels wartet das dunkle Kirchlein mit seltenen Wandfresken auf – wie dem teils durch die Jahrhunderte verblassten, sieben Meter hohen Christophorus aus dem Jahr 1330. Auf einer Weltgerichtsdarstellung werden die Sünder gar nach mittelalterlicher Vorstellung von einem unheimlichen Walfisch verschlungen. Verschiedene Restaurierungsphasen haben gotische Malereien freigelegt, die einen gut erhaltenen Osterzyklus aus dem 15. Jahrhundert und die Geschichte des heiligen Martins zeigen. Die Szene, in der Martin seinen Mantel mit dem knienden Bettler teilt, ist besonders schön erhalten. Passend dazu veranstalten die Garmischer Kindergartenkinder alljährlich ihren Laternenzug nach einer Andacht in der Kirche. Diesem in Bayern beliebten Heiligen ist das Haus ebenso wie der neue Kirchenbau in der Garmischer Fußgängerzone geweiht.

Das heimelige Gemäuer besticht durch eine Tuffsteingrotte, Kühle im Sommer und durch die sympathische Größe des kapellenartigen Baus. Der romanisch-gotische Glockenturm an der Seite der Kirche und die den Bau umgebende Mauer erinnern ein wenig an englische Landschaft vor bayerischer Kulisse. Auch in den Nachbargebäuden sind teils noch Steine der Burg verbaut, was manchen Ritterromantiker traurig stimmt, doch im Ortsbild historische Zeugnisse von frühem Bau-Recycling liefert. Und 800 Jahre alte Kirchengemälde sind immerhin kein schlechter Ersatz für karge Burgenmauern, da sie eben einen nichtbarocken Kontrapunkt zur üblichen bayerischen Kirchenlandschaft liefern.

B/S

Von der alten Martinskirche ist es nur ein kurzer Fußweg zum Garmischer Friedhof und zum Kramerplateauweg, der ab der Bayernhalle beginnt.

Konditorei & Kaffeehaus Krönner
Achenfeldstraße 1
82467 Garmisch-Partenkirchen
08821 3007

39 Die Garmischer Sachertorte

Konditorei Krönner

Die Familie bewahrt Rezept und Machart ihrer Hausspezialität. Denn beim Krönner bekommt der Gast verglichen mit dem Hotel Sacher in Wien eine noch seltenere Köstlichkeit: Der feine Baumkuchen wird nur hier gebacken und dafür weit hinausgetragen zu Feinschmeckern in aller Welt.

Der Schichtkuchen, der am Rundstab mit immer neuen, übergegossenen Teigschichten langsam gebacken wird, gehört traditionell ins Sortiment der Konditorei. Deshalb gibt es ihn mittlerweile von der Meterware bis zur Praline, als kleine Spitzen und verschieden schokoladengetaucht von ganz süß bis herb. Erst konfiert, dann glasiert, dann verzehrt, wobei die Kuchenjahresringe dieses Baumes nicht alt auf den Tellern werden, aber vielleicht länger auf der Hüfte bleiben. Eine kleine Sünde eben, die sich wellig, Schicht für Schicht bis zur Hochzeitstorte auftürmen kann. Doch nicht nur für die süßen Bäume ist das Traditionskaffeehaus in der Fußgängerzone bekannt. Die Almblütenschokolade soll samt Bergwiesenbestreuung auf der Zunge langsam mit blumigem Abgang zergehen. Die hauseigenen Trüffel verführen genauso wie die reizenden livrierten Bedienungen, die den Gast in vergangene Zeiten der Kaffeehauskultur zurückführen, während man sich beim dritten Haferl über den baumvollen Bauch streift und trotzdem mit der Tortentheke liebäugelt. Die Aussichtsterrasse im ersten Stock ist ebenso beliebter Frühstückstreffpunkt wie die nostalgisch dekorierten Gasträume samt Zeitungsklemmen und Stehlampen.

Ein im besten Sinne altmodischer, sündiger Süß-Tempel für alle Gschleckerten und Naschkatzen ist der Krönner, wo Konditoren weder Kalorien zählen noch auf den Zuckerguss verzichten. Hier bleibt man gerne mit einer Zeitung sitzen, beobachtet die Stammgast-Damenrunde, hört ein überzeugtes »Bitte mit Sahne« und lässt sich doch noch zu einer weiteren Scheibe Baumkuchen verführen.

B/S

Neben dem berühmten Baumkuchen empfiehlt das Haus seine Agnes-Bernauer-Torte und serviert kleine Mittagsgerichte sowie ausladendes Frühstück.

Tour zum Schachensee–Schachenschloss
Beide Routen gut ausgeschildert ab dem Skistadion 82467 Garmisch-Partenkirchen und dem Wanderparkplatz Elmau
Schachenweg
82493 Krün

Schachenhaus
Schachenweg 1
82467 Garmisch-Partenkirchen
0172 8768868

40 Auf Königs Spuren hinauf zur Jagd

Tour auf den Schachen

Es ist schon ein ganz schöner Aufstieg hinauf zum malerischen Schachenschloss über Partenkirchen. Der Erbauer, »Kini« Ludwig II., hat sich den Platz trotzdem ausgesucht. Klar, er hat sich ja auch hinauftragen lassen. Als Wanderer hingegen muss man entweder den steilen Kälbersteig hinter der Partnachklamm erklimmen, um durch dichten Wald und viele Stufen in etwa drei Stunden zum Schloss zu gelangen – oder man wählt den einfacheren, aber längeren Weg von Elmau aus über die flachere Fahrstraße. Diese Route lohnt schon wegen der Pauseneinkehr auf der Wettersteinalm, die praktischerweise auf halbem Weg liegt.

Kurz vor dem kleinen Jagdschlösschen aber macht man am besten rechter Hand einen Abstecher auf einen kleinen Weg zu einer Forsthütte. Dort unten liegt nämlich – gut versteckt – der Schachensee, ein metallblauer Bergsee mit selbst im Sommer eisigen Temperaturen. Traut man sich aber dort hinein, werden die müden Füße wieder wachgekneippt und der Organismus neu belebt. Die Felsen, die den See umgeben, laden zum Picknick ein. Es könnte leicht passieren, dass man hier ganz allein am See sitzt, denn viele Wanderer finden diesen Fleck nicht.

Danach fällt es leichter, die letzte halbe Stunde zum Ziel zu meistern: dem Jagdschloss am Schachen. Drinnen warten Holzvertäfelung, ein bescheidenes Königsbett unter orientalisch-bayerischen Gemälden und im ersten Stock ein maurischer Saal mit Springbrunnen, Opiumpfeifen und bunten Glasfenstern, die den Besucher aus den Hochalpen ins Arabische entführen.

Wer davon auch noch träumen will, kann im Matratzenlager der Wirtschaft auf fast 1.900 Metern über Nacht bleiben und sich von den Wirtssöhnen – sinnvollerweise einem Bäcker und einem Metzger – verwöhnen lassen. Nach Schwimmen, Schloss und Speis fühlt man sich dort oben leicht selber einem Kini gleich und, nun ja, wie im Märchen eben.

B/S

Als Rundtour ist ein Abstieg ins Rheintal und über Bockhütte und Klamm oder der Rückweg über die sogenannte »Nadel« zur Wettersteinalm möglich.

Pitzner Hütte
Direkt am Einlasshaus
der Partnachklamm
82467 Garmisch-Partenkirchen
08821 947103

41 Einkehren am reißenden Fluss

Pitzner Hütte an der Partnachklamm

Diese Hütte direkt am Eingang der Partnachklamm hat die ideale Lage. Entweder man stärkt sich vor dem Marsch durch den niedrigen Abenteuerpfad hinein in die imposanten Felsformationen und am brodelnden Partnachwasser vorbei oder man trocknet sich nach dem immerfeuchten Vergnügen nach der Wanderung mit Bier oder Kaffee.

Inhaber Hans Rösner hat mit seiner Frau und seinen Töchtern ein Kleinod in einem der ältesten Kioskbauten Bayerns geschaffen. Wo früher die Holztrifter einkehrten, die mithilfe langer Stangen die Stämme durch die enge Schlucht trieben und dabei gefährlich an Seilen in die Klamm hinabgelassen wurden oder später auf dünnen Stegen das Holz bewegten, da tummeln sich heute Touristen aus aller Welt, die das Naturschauspiel bewundern möchten. Wasserfälle, ausgespülte knochenhafte Felsvorsprünge, Höhlen und brodelnde stahlblaue Wassermassen vereinen sich zu einer Staunen machenden Naturleistung aus Wasser und Gestein. Sie treffen hier direkt aufeinander.

Eine Einkehr bei dem ebenfalls international und vielsprachig einladenden Partenkirchner Original gehört dazu. Sein starker Klammgeist wird vom Schnapsbrett gereicht und seine Bierkarte schmeichelt dem Durstigen preislich und auswahltechnisch mehr als so manche Ortswirtschaft. Dazu reicht er Brotzeit, hausgemachte Kuchen und Deftiges aus seiner kleinen Küche. Direkt daneben plätschert die Partnach vorbei und in der Pitzner Hütte entwickelt sich schnell ein kleiner Ratsch zwischen dem einheimischen Stammtisch, den wiederkehrenden Stammgästen und den beeindruckten Erstbesuchern der Klammklippen. Man rückt im Angesicht der Naturgewalt eben etwas leichter zusammen.

Den passenden Trinkspruch liefert der joviale Hüttenwirt gern dazu, bevor er sein traditionelles Feierabendkapperl, ein handgestricktes Mützchen, aufsetzt und die Besucher aus der Klamm begleitet.

B/S

Zu besonderen Anlässen wie am König-Ludwig-Gedenktag (25.8.) veranstaltet die Pitzner Hütte Kesselfleischessen oder Grillabende mit Musik und Unterhaltung.

Eibsee – Bootsverleih und Hotel
Seeweg 1
82491 Grainau
08821 98810

42 Wo sich das Hohe im Tiefen spiegelt

Eibsee unter der Zugspitze

Wasser und Berg, Wasser unter Berg, Wasser im Berg – das macht für mich jedes Mal den besonderen Reiz des Eibsees aus. Ich stehe am See, schaue hinein und der Fels spiegelt sich darin. Ich hebe den Blick nach oben und von unten glitzert der See und beleuchtet das Gestein. Nicht irgendeinen Fels, sondern Deutschlands höchsten. Direkt am Zugang zur Zugspitze liegt er, der Eibsee, und nicht nur diese Nähe macht ihn zu einem der beeindruckendsten Seen Bayerns und weit darüber hinaus. Sommer wie Winter fasziniert der großflächige Bergsee mitten im Panorama. Bei einer Oberfläche von knapp 2.000 Quadratmetern wird die klare Seenlandschaft nur von Inseln durchbrochen und bildet ansonsten einen glatt polierten Spiegel für die Berge in seinem Rücken. Unter der reflektierenden Scheibe geht es an der tiefsten Stelle stolze 36 Meter in die belebte Tiefe.

Wo im Sommer Badehungrige direkt in die Spiegelung des Zugspitzmassivs eintauchen oder mit Booten den See queren, wandern im Winter vorsichtig dick Eingepackte über die zugefrorene Wasserfläche. Will man den See auf dem gut ausgebauten Spazierweg umrunden, braucht man etwas mehr als eine Stunde. Da lädt die Abkürzung übers sichere Eis zur Seeterrasse natürlich ein. Dort warten Restaurant samt Seehotel. Wem im Sommer die etwa acht Kilometer um den See zu lang werden, der kann in den kleinen Ausflugsdampfer Reserl zusteigen oder gleich mit Ruder- oder Tretboot auf Entdeckungstour zwischen Panorama und kühlem Nass gehen. Oder aber er betritt gleich die Gondel- oder Zahnradbahn zur Zugspitze hinauf, um bereits von der Fahrt aus den See von oben zu genießen.

Entscheiden muss man sich nicht, was einem besser gefällt. Denn wenn Wasser und Berg wie hier am Eibsee sprichwörtlich zusammenfallen, weiß man genau, was das Faszinierende an einem Bergsee ausmacht.

B/S

Die Zugspitzbahn fährt mit kleinen Zügen vom Bahnhof Garmisch-Partenkirchen auf dem Weg zum Gipfel direkt zum See und hält dort für Gäste.

Block's Post Krün
Walchenseestraße 4
82494 Krün
08825 321

48 Haus und Wirt

Block's Post

Dieses Haus hat viele Wirte und Gäste erlebt. Als ehemalige Poststation, Kutschenstall und später als Wirtshaus sind seit 1581 Mahlzeiten aus der Bauernkuchl serviert worden. Mehr als 40 Jahre nun prägt die Familie Block das Haus nicht nur mit ihrem Namen, sondern auch mit einem neuen Stil. Sie verwandelten die alten Stuben in ein zeitgemäßes Restaurant mit angrenzendem Barbetrieb und einem Konzept: In der rußig-schicken Gamsstube hängen Geweihe überm Ofen, alte Decken wurden wieder freigelegt und in den kleinen Gastzimmern ein zeitgemäßes Ambiente geschaffen. So wird auch gekocht. Manchmal bekommt man Zicklein an Rosmarin, Spanferkelleber oder Innereien nach altbayerischen Rezepten, daneben Klassiker der alpenländischen Küche.

Alles wird hier selbst gestaltet. Praktischerweise hat der Sohn des Hauses als Maurer die Umbauten an dem alten Haus überwacht, der Barkeepersohn leitet Restaurant und Theke, der Konditorsohn kreiert das hausgemachte Eis und Desserts. Über allem wacht Vater Josef, der allabendlich an dem großen Küchenherd steht, das Fleisch zubereitet und in seinem familiären Betrieb sehr auf Ruhe und Harmonie beim Service und in der Zubereitung achtet. Dafür nehmen die Blocks Einbußen in der Quantität in Kauf: Der Biergarten wurde verkleinert, die Karte spezieller auf regionale Küche ausgerichtet und die Öffnungszeiten in den Abend hin verlagert. Etwas hochwertiger und anders sollte die Post in Krün werden und gleichzeitig ein Gastronomieerlebnis ermöglichen, das sich vom typischen Wirtshaus ebenso absetzt wie von einer Schickeriagastronomie. Block löst das durch raffinierte, klassische Küche. Hirschkeule, Surbraten, Steckrübenpüree bietet er saisonal an, der Sohn ergänzt dies mit Lemongrasssorbet und so sitzt man in einer alten Stube bei einer gelungenen Mischung aus moderner und trotzdem uriger Küche.

B/S

Die Blocks haben mittlerweile auch eine angrenzende Pizzeria dem Familienbetrieb hinzugefügt und damit den Kruner Dorfplatz neu belebt.

Halbinsel Zwergern
Startpunkt für einen Spaziergang:
Parkplatz
Einsiedl 1
83432 Kochel am See

Von der Bundesstraße aus Wallgau kommend, führt von den Bootsanlegern ein Rundweg auf die Halbinsel.

44 Inselidyll am Walchensee

Halbinsel Zwergern im Walchensee

Sie starten bei den Bootsanlegern in Einsiedel mit einer folgenschweren Entscheidung: Schiff oder Land. Von dort aus können Sie nämlich mit Tretboot Doris, sportlicherem Kanu oder Kajak auf dem Walchensee herumschippern oder den malerischen Rundweg am Ufer entlang nehmen, der auf die kleine Halbinsel Zwergern führt.

Immer der W1-Beschilderung entlang kommen Sie wanderndérweise an dem vielfarbigen See mit seinem grünlichen Grundton vorbei, der tiefblau den Himmel spiegelt und im Licht silbrige und metallene Farben annehmen kann. Nach einer Weile queren Sie die Landzunge und gelangen über einen Hügel zu einer winzigen Ansiedlung und »St. Margareth« mit Zwiebelturm. Ein wenig Reichenau-Gefühl verströmen die Seegrundstücke, nur gibt es weniger Gemüsegärten. Doch ebenso friedlich liegen die meist noch als Höfe benutzten Bauernhäuser mit den blauweiß gestrichenen Fensterläden und den gut in Schuss gehaltenen Holzbauten da. Nur ein paar Vögel und das leise Plätschern des Walchensees kann man hier hören. Ruhig und aus der Zeit gefallen wirkt die Zwergern, weswegen vielleicht auch nicht weit von hier Kinokomiker Bully Herbig sein Wickiedorf Flake vor der Kulisse des Herzogstands errichten ließ.

Wenn Sie weiterwandern, können Sie bis zum Hauptort Walchensee laufen oder den verwinkelten Albert-Schmidt-Weg nehmen, der in bemoosten Wald führt, von wo man den See nur mehr durch die Baumespitzen sieht. Lassen Sie sich von den vielen Kurven und Biegungen nicht verwirren. Immer noch rechtzeitig zeigt Ihnen ein Wegweiser die richtige Richtung zurück zum Ausgangspunkt oder zur nächsten Station auf den jeweils auf gute anderthalb Stunden ausgelegten Rundwegen. Falls Sie sich doch für das Boot entschieden haben, fällt Ihnen die Navigation auf dem bei Surfern beliebten See ungleich leichter.

B/S

Unweit vom Walchensee bietet der Jochberg ab dem Parkplatz Kesselberg als mittlere Wanderung von circa zwei Stunden eine gut besuchte Doppelsicht auf Walchensee und Kochelsee mit spektakulärem Panorama.

Das Tölzer Land, Tegernsee und Schliersee

Meditations- und Kräutergarten
Zentrum für Umwelt und Kultur
Zeilerweg 2
83671 Benediktbeuern
08857 88777

45 Klosterkräuter – Kräuterkloster

Meditations- und Kräutergarten

Der Meditationsgarten des Zentrums für Umwelt und Kultur im Kloster Benediktbeuern wurde vor rund zwei Jahrzehnten angelegt. Er befindet sich gleich beim zentralen Parkplatz Richtung Meierhof und nimmt die Besucher in Empfang. Es lohnt sich sehr, vor oder nach der Besichtigung der anderen Sehenswürdigkeiten des Klosters dort ein wenig innezuhalten. Das Labyrinth aus Pfaden und Beeten erstreckt sich über einen Durchmesser von gut 30 Metern, das Material für die Natursteinwege fand man bei Bauarbeiten unter der Grasnarbe, sie waren Teilstück eines historischen Weges im Kloster.

Wie in vielen Klöstern spielte die Auseinandersetzung mit der Natur – aus christlicher Sicht Gottes Schöpfung – eine große Rolle. Das Wissen um die Heilkraft vieler Pflanzen wurde von Ordensleuten erforscht und schriftlich festgehalten, so auch im *Benediktbeurer Receptar*, das um das Jahr 1250 verfasst wurde. Hiernach richten sich die vier Beetkreise des Meditationsgartens. Im äußeren wachsen »Kräuter für alle Sinne«, sodann folgen »Kräuter für die Küche«, schließlich Heilkräuter und der innerste Kreis ist Pflanzen mit Symbolkraft gewidmet. Die Pflanzen im Labyrinth sind allesamt beschriftet, so dass man sich jede Menge Anregungen holen kann. Die Klostergärtnerei bietet eine große Auswahl an Kräuterpflanzen in Bioqualität für den eigenen Garten.

Vornehmlich mit Wildkräutern beschäftigen sich die Kräuterpädagoginnen, die es im Tölzer Land zahlreich gibt. Der Kräuter-Erlebnis-Laden im Meierhof des Klosters dient als Anlaufstelle. Hier kann man Wildkräuter und Kräutermischungen kaufen. Wer allerdings selber suchen will, bekommt auch Informationen über Kräuterwanderungen oder Kochkurse, die von Bäuerinnen der Gegend angeboten werden.

HH

Im nahen Bad Heilbrunn wurde im Zentrum des Ortes ein wunderschöner Kräuter-Erlebnis-Park angelegt, der wie der Meditationsgarten ohne Eintritt zugänglich ist.

Isarradweg zwischen Lenggries und Bad Tölz
Start: Bahnhof Lenggries
83661 Lenggries

Café Love
Amortplatz 2
83646 Bad Tölz
08041 7991661

46 Ein Fluss in Weiß-Blau

Isarradweg zwischen Lenggries und Bad Tölz

Die Isar entspringt zwar in Österreich, doch ist sie ein zutiefst oberbayerischer Fluss, eine weiß-blaue Hauptschlagader von den Bergen bis zur Mündung in die Donau bei Deggendorf. Wer mag, kann den in ganzer Strecke gut ausgebauten Isarradweg in mehreren Tagen radeln.

Der Abschnitt von Lenggries bis Bad Tölz ist bestens für weniger Trainierte oder für Familien mit Kindern geeignet. Zwischen Kiesbänken und Auenlandschaft schlängelt sich der Fluss durchs Tal. Man sollte diese Strecke langsam radeln und Zeit für Pausen am Wegesrand einplanen. Zu schön ist die Natur, mit seltenen Pflanzen bestückt, zu imposant die Bergkulisse am Fuß des Braunecks. Wie wäre es, eine Menge flache Steine zu sammeln und einen möglichst hohen Turm aufzurichten? Wer sich auskennt, kann an den Isarkieseln mit den vielen verschiedenen Farben und Texturen die Geschichte der Entstehung der Alpen ablesen. Vom Muschelkalk mit seinen farbigen Ablagerungen zu Dolomit- oder Jurakalken, fast wie Marmor der eine, rot oder grün gefärbt der andere bis zu glitzerndem Quarz und sogar Bergkristall (sehr schön zusammengefasst auf der Website isar-kiesel.de). Die Strecke radelt man in einer knappen Stunde, so dass man auch wieder zurückstrampeln kann; gut zwei Stunden braucht man zu Fuß auf dem ebenfalls empfehlenswerten Wanderweg.

Mit dem Rad könnte man auch weiter bis Wolfratshausen und durch die malerische Pupplinger Au bis München. Startet man von der Landeshauptstadt, fährt man mit der BOB (Bayerische Oberlandbahn) bis Bad Tölz, vom Bahnhof bequem hinunter zur Isar und radelt nach München zurück. Die Strecke Tölz-Wolfratshausen verläuft bisweilen etwas entfernt zum Fluss durch Wiesen und Weiden; insbesondere im Frühjahr ein Genuss.

HH

Empfehlenswert ist eine Einkehr in Bad Tölz beim Café Love mit kleinen Gerichten, köstlichen Kuchen und sagenhaftem Blick auf Isar und Stadt. Wohlgefühl garantiert!

Tölzer Marionetten-theater
Am Schloßplatz 1
83646 Bad Tölz
08041 74176

47 Eine Welt am Faden

Tölzer Marionettentheater

Wer sich vom Tölzer Obermarkt zum Schlossplatz wendet, entdeckt das Marionettentheater, ein Kleinod städtischer Kulturgeschichte. Dort zu Hause sind kunstvoll gefertigte Figuren, die große Opern aufführen, Lesungen begleiten, Theater spielen oder von den Märchen der Gebrüder Grimm erzählen.

1908 gründete der Tölzer Apotheker Georg Pacher mit einigen Gleichgesinnten das Tölzer Marionettentheater. Damals trat die Spielform der Figur am Faden aus dem Umfeld der Jahrmärkte heraus und bewies sich als ernsthaftes Theater. In Tölz entstanden schon früh einzelne Marionetten, die noch heute im nahegelegenen Stadtmuseum zu entdecken sind. Eine erste Spielstätte fand sich im Bürgergarten, doch die Bühne wurde 1947 zerstört. In Eigenleistung und mit Hilfe der Stadt entstand ein neuer Theaterbau, der 1953 eröffnet wurde und seither nahezu unverändert besteht. Nach Georg Pacher führten dort Ludwig Schuster und Oskar Paul Regie, heute leiten die Puppenspieler Albert Maly-Motta und Karlheinz Bille das Tölzer Marionettentheater. Hauptdarsteller jedoch sind charakterstarke Marionetten. Sie stellen auf der gerade einmal zwölf Quadratmeter großen Bühne einen direkten Bezug zu den Zuschauern her. Alles ist dunkel, nur die Figuren leuchten auf. Opern von Wolfgang Amadeus Mozart oder Carl Orff werden ebenso zum intensiven Erlebnis wie die Erzählungen über Kalif Storch oder Rumpelstilzchen. Ein weiterer Glanzpunkt des Programms sind zeitbezogene Aufführungen, die Marcel Reich-Ranicki oder Leonard Cohen in Mimik und Gestik wiedergeben. Das ist großes Theater! Verwunschen wiederum wird es im Dezember, wenn die Marionetten sich weihnachtlichen Geschichten widmen und sie spielerisch begleiten. Im Tölzer Marionettentheater ist immer Saison – und wer einmal Gast war, kehrt oft zurück.

SB

Gleich neben dem Tölzer Marionettentheater simuliert ein Planetarium den Himmel, unabhängig vom Wetter. Sternenkonstellation, Tierkreis oder Polarnacht leuchten auf und werden erklärt.

Marktstraße mit Stadtmuseum
Marktstraße 48
83646 Bad Tölz
08041 7935156
(Stadtmuseum)
08041 78670
(Tourist-Information)

48 Kulisse wie aus alten Zeiten

Marktstraße mit Stadtmuseum

Die Tölzer Marktstraße könnte letztlich auch Theaterkulisse aus früheren Zeiten sein. Drehort so mancher Fernsehproduktion war sie schon des Öfteren. Wie selbstverständlich bildet die Marktstraße den Kern der Stadt. Ihr Reiz liegt in der architektonischen Einheitlichkeit und kunstvollen Verzierung der Bauten, die sich vom Ufer der Isar bis zum Obermarkt mit dem Standbild des Pflegers Kaspar Winzerer III. und dem Khanturm erstrecken. In ihrem Ursprung geht die 400 Meter lange Marktstraße auf eine Anlage der Wittelsbacher zurück, 1453 wurde sie von Herzog Albrecht III. nach einem großen Brand wiederaufgebaut.

Ihre heutige Form allerdings verdankt sie Gabriel von Seidl (1848–1913). Der Architekt und Liebhaber der Stadt Tölz führte zahlreiche Marktstraßenhäuser mit teils restaurierenden, teils historisierenden Maßnahmen zurück zur ursprünglichen, repräsentativen Bauweise mit Stuckaturen, Fresken, Rundbogeneinfahrten und vorkragenden Dächern. Darüber hinaus erweiterte Gabriel von Seidl die Gesamtansicht um die für seinen heimatorientierten Baustil so typischen Giebel, Türme und Erker.

Dadurch erfuhr der in sich geschlossene Aufbau der Marktstraße eine lebendige Gliederung und Strukturierung. Die funktionelle Verzahnung mit den umliegenden Ortsteilen und Gassen blieb auch unter Gabriel von Seidl erhalten. Gleichzeitig blühten einzelne Anwesen auf, darunter das Weinhaus Höckh, die Alte Apotheke, das Moralthaus oder Pflegerhaus sowie das einstige Bürgerbräu, das von 1906 bis 1979 als Rathaus diente und heute die Exponate des Stadtmuseums beherbergt. In der Summe entstand unter Gabriel von Seidl ein heiteres, nahezu barockes Straßenbild, in dem ein florierendes Stadtleben seinen Platz und vor allem reichlich Kulisse findet.

SB

Dank seiner Fassade ist das Stadtmuseum Bad Tölz auch von außen ein Kunstwerk, innen versammelt es Exponate zu Themen, die für den Ort bedeutend waren, darunter die Kunstschreinerei und Flößerei.

»Grüner Markt« Bauernmarkt Holzkirchen
Marktplatz
83607 Holzkirchen
08024 6420 (Gemeinde)
Führungen mit Kathl unter
089 57968506 oder
0176 50150310

Kultur im Oberbräu
Marktplatz 18a
83607 Holzkirchen
Tickets: 08024 478505

49 Regional und voller Leben

»Grüner Markt« und Kathls Marktreisen

Holzkirchen zählt zu den aufstrebenden Gemeinden in Oberbayern. Der Zuzug ist groß, die Ansiedlung neuer Firmen nachhaltig. Ein prosperierender Ort, der Global Player an sich bindet, indem er die Gewerbesteuer senkt, sowie innovativ entscheidet, indem er auf Geothermie setzt. Gleichzeitig ist Holzkirchen voll lebenswerter Plätze, vor allem im historisch geprägten Kern rund um die Kirche St. Laurentius. Gegenüber liegen die beiden Rathäuser, das eine alt mit neugotischem Giebel, das andere neu und repräsentativ. Außerdem trägt der imposante Flachsattelbau des früheren Brauereigasthofs zum Gesamtbild mit bei. Dort fand ein Kulturzentrum mit einem Kulturcafé, verschiedenen Sälen und einem Programmkino Heimat.

Letztlich ist es Holzkirchen gelungen, den Ortskern mit Leben zu füllen. Da darf ein grüner Bauernmarkt nicht fehlen. Der findet allwöchentlich statt und führt regionale Anbieter nach Holzkirchen. Darunter befinden sich ein Hofladen, eine Naturkäserei, ein Ökohof sowie ein Acker- und Grünlandbetrieb mit artgerechter Tierhaltung. Alles wird zum Schaubild des voralpinen Obst- und Gemüselandes, der Wurst- und Fleischvielfalt, der Gewürze und Pflanzen. Jeden Mittwoch und Samstag wird frühmorgens aufgebaut und etwa eine Stunde nach dem Mittagsläuten wieder abgebaut. Dazwischen bestimmt das Marktgeschehen den Puls der Gemeinde.

An manchen Tagen zieht dann auch das Kathl mit ihrem Leiterwagen vorbei. Die Volksschauspielerin führt in Tracht durch den Ort und erzählt Holzkirchner Geschichten, Humorvolles vom Magentratzerl, Bedrohliches von großen Bränden, Historisches vom alten Handwerk, Liebenswertes von Lausbuben und Friedhofsgeigern. Dazwischen macht sie Halt an historischen und kulinarischen Stationen. »Marktreisen« nennt das Kathl die poetischen Ausflüge – wie passend für eine lebendige Marktgemeinde.

SB

Das Programm des Holzkirchner Kulturzentrums im Oberbräu umfasst alle Sparten – Kabarett und Film, Ausstellungen und Konzerte, Lesungen und Vorträge sowie Eigenproduktionen des Fools-Theaters.

Gasthof Herzog Maximilian
Tegernseer Straße 3
83703 Gmund am
Tegernsee
08022 7059377

Regionalladen
machtSINN
Raiffeisenstraße 8
83607 Holzkirchen
08024 6088924

50 Historie zum Genießen

Gasthof Herzog Maximilian

Es mag ein wenig seltsam klingen, wenn man Besuchern eines Gasthauses empfiehlt, unbedingt die Waschräume aufzusuchen. Sollte man beim Gasthof Herzog Maximilian mitten in Gmund aber tun, denn auf drei großen Fotocollagen ist die Geschichte, genauer gesagt die der Renovierung oder noch besser gesagt Rettung des stattlichen Hauses dokumentiert.

Ein »Schandfleck«, sagen viele Gmunder, war das jahrzehntelang leer stehende Gebäude, Regen drang ein, die historische Bausubstanz wurde morsch. In letzter Minute wurde es gerettet, als das Herzogliche Brauhaus Tegernsee das marode Gasthaus erwarb. Von der alten Substanz war wenigstens noch so viel erhalten, dass man Decken und Fenster originalgetreu nachbauen konnte. Schritt für Schritt wurde das stattliche Gebäude saniert und wer heute in der Gaststube steht, der glaubt, in einer original historischen Wirtschaft zu sein.

Zum bayerischen Gasthof gehört nicht nur Bier, sondern auch traditionelle Küche, die hier aufs Beste gepflegt wird. Man findet auf der Speisekarte alles, was Liebhaber bayerischer Traditionsküche begehren: Schweinsbraten mit Knödl und Krautsalat, paniertes Kalbsschnitzel oder Rindsrouladen. Auf der Brotzeitkarte findet man Obatzda, Weißwürste, Wurstsalat und Sülze mit Bratkartoffeln. Bemerkens- und empfehlenswert ist das opulente Brotzeitbrettl, hübsch angerichtet und mit köstlichem Hausbrot serviert. Modern und schlank kommen Bistecca mit Rucola oder kreative Salatvariationen daher. Auch bei der Tageskarte gelingen Ausflüge in andere Küchen mit Gazpacho, Couscous oder Vitello Tonnato. Viele Gerichte gibt's als kleine oder große Portion, so dass man Vor- und Hauptspeisen kunterbunt mischen kann, ohne dass der freundliche Service zu nörgeln anfinge.

HH

Regionale Produkte, Brotzeit und täglich wechselnde Biogerichte gibt es im wunderbaren Regionalladen *machtSINN* mit Bistro auch nach dem Umzug nach Holzkirchen

Aquadome
Überfahrtweg 13
83707 Bad Wiessee

51 Der gelebte See

Aquadome

890 Hektar misst die Fläche des Tegernsees, bis zu 72 Meter tief kann er sein, die größten Zuläufe sind die Weissach und die Rottach und durchschnittlich 18 Monate vergehen, bis sich das Wasser des Sees vollständig erneuert und über die Mangfall abgegeben wird. Renke, Forelle, Rotauge, Schleie, Barsch oder Hecht fühlen sich darin heimisch. In Bad Wiessee führt ein Aquadome über 20 Fischarten des Tegernsees vor Augen. Dabei handelt es sich nicht um ein Aquarium, das Wasser im Kreislauf filtert und wieder zuführt, sondern um eine Schauanlage, deren 60.000 Liter fassende Becken ständig frisches Wasser erhalten. Schließlich mögen es die Fische des Tegernsees kühl und sauerstoffreich. Darauf achtet die Fachberatung für Fischerei des Bezirks Oberbayern zusammen mit der Fischerei Tegernsee, die für den Fischbesatz sorgen und das Aquadome unterhalten.

In Anlehnung an den See unterteilen sich die Becken des Aquadomes in Wasserzonen. Das Ufer zum Beispiel bietet Brut- und Aufzucht räume, dort tummeln sich Rotfeder, Barsch, Brachse, Bitterling und zur Laichzeit Hecht und Karpfen. Davor liegt die Freiwasserzone mit tierischem Plankton und Fischen, die das mögen, zum Beispiel Renken beziehungsweise im etwas lichteren Wasser Seesaibling und Seeforelle. Die obere Bodenzone führt Rutte und Koppe mit sich, die tiefe Bodenzone ist von Muscheln und Schnecken bedeckt und wird von der Renke und der Seeforelle sowie vom kleinwüchsigen Seesaibling bewohnt.

Im Aquadome werden die Wasserzonen nachgestellt. Becken für Becken erschließt sich der Fischbestand des Tegernsees, Schautafeln erzählen über die natürlichen Zusammenhänge, die Fischarten brauchen, um zu überleben. Der Eintritt zum Aquadome ist frei, der Panoramablick darin führt dazu, den See nicht mehr nur als Oberfläche zu sehen, sondern als gelebten Raum.

SB

Neben dem Aquadome werden im Bruthaus Renken, Seeforellen und Saiblinge herangezogen, die sich unter heutigen Umweltbedingungen nicht mehr fortpflanzen konnen – einmal groß geworden, werden sie ausgesetzt.

Naturkäserei TegernseerLand
Reißenbichlweg 1
83708 Kreuth
08022 1883520

Eybel Schokoladen-quelle
Moosrainer Weg 2
83666 Waakirchen
08021 1036

52 A runde Sach

Naturkäserei TegernseerLand

Wenn am richtigen Ort die richtigen Menschen zusammentreffen, kann Wunderbares entstehen. Die Genossenschaftskäserei im Tegernseer Tal ist ein nachahmenswertes Beispiel dafür. Es muss sich ungefähr so zugetragen haben: Einige Landwirte trafen sich am Stammtisch und diskutierten, wie man bei fallenden Milchpreisen bäuerliche Familienbetriebe retten könnte. Die Lösung war, die Milch selber zu verarbeiten, zu veredeln und zu vermarkten.

Hohe Qualitätsstandards haben die Milchbauern der Genossenschaft festgelegt. Tagesfrisch wird die Heumilch, inzwischen in Bio-Qualität, vom eigenen Milchwagen abgeholt. Die Kühe haben es gut auf den Höfen, sie grasen im Sommer auf den kräuterreichen Wiesen und im Winter besteht ihr Futter vornehmlich aus Heu. Dadurch helfen sie auch mit, das heimische Landschaftsbild zu erhalten. Einfach a runde Sach'.

Wie es mit der Milch weitergeht, können Besucher in der Schaukäserei jederzeit sehen oder sich in regelmäßig stattfindenden Führungen erklären lassen. Transparenz ist wichtig und die Freude an der gelungenen Idee ist auch für Besucher spürbar. Vielerlei Käsesorten entstehen inzwischen im 2009 von heimischen Handwerkern errichteten Gebäude, das Verarbeitung, Reifekeller, Verkaufsladen und die gemütliche Gaststub'n beherbergt. Dort oder im Sommer im Biergarten mit Blick auf den Hirschberg genießt man das Käsehandwerk bester Güte vom cremigen Weichkäse bis zum gereiften Tegernseer Bergkas auf dem Käsebrettl. Vom Frühstück an mit Heumilchbutter und Joghurt – pur oder mit Biofrüchten – gibt es Brotzeiten und kleine Gerichte den ganzen Tag. Zum Cappuccino mit Heumilch-Schaum genießt man Topfen-Blaubeerstrudel oder hausgemachtes Eis.

HH

Im Laden findet man viele Produkte der Region, die wiederum mit der Milch der glücklichen Kühe hergestellt werden, wie etwa Pralinen der *Schokoladenquelle Cybel* aus dem nahen Waakirchen.

Markus Wasmeier Freilichtmuseum
Brunnbichl 5
83727 Schliersee-Neuhaus
08026 929220

53 Von der Skipiste ins Museum

Markus Wasmeier Freilichtmuseum

Das denkmalgeschützte Elternhaus des Olympiasiegers war der Grundstock für das Museumsdorf, das heute zu den beliebten Attraktionen für Groß und Klein des sonst doch recht beschaulichen Schliersees gehört. Auf sechs Hektar Fläche kann man inzwischen viele Höfe und andere Gebäude sehen, sogar ein Kircherl gibt es. Es sind vor allem Bauernhäuser, die ehemals an anderen Orten im Oberland standen und fürs Freilichtmuseum Wasmeier hier restauriert und wiederaufgebaut wurden. Die meisten kann man auch von innen besichtigen, so dass das bäuerliche Leben früherer Zeiten erlebbar wird. Viel Wert legt man auf alte Handwerkskunst, die in Vorführungen lebendig wird: Korbflechter und Schmiede, Filzer, Schuster und sogar Edelweißschnitzer.

Viel Genusshandwerk findet man ebenso. Die Museumsbäckerei backt Holzofenbrot und Vinschgerl, der Brauer braut das Museumsbier, bisweilen gar in Kursen, für die man sich unbedingt zeitig anmelden sollte. Dazu kommen Feste wie zum Beispiel das Musikantentreffen oder die Bauerngartentage, das Erntedankfest und Kirchweih – der Reigen schließt mit Leonhardi, wo zu Ehren des Schutzheiligen von Vieh und Ross geschmückte Kutschen von prächtigen Pferden durch Schliersee gezogen werden. In Markus Wasmeiers Freilichtmuseum ist an diesem Tag der Eintritt frei.

Doch was wäre ein Dorf ohne Wirtshaus? Der Museumswirt heißt *Beim Wofen*. Hier wird das Museumsbier frisch gezapft ausgeschenkt, dazu gibt es allerlei bayerische Schmankerl wie Schweinsbraten mit Museumsbiersoße und Knödel, Saures Lüngerl mit Semmelknödeln, Brotzeiten sowie Kaffee und Kuchen. Gemüse und Kräuter stammen, soweit die Ernte reicht, aus dem eigenen Gemüse- und Kräutergarten, die anderen Produkte werden überwiegend aus der Region bezogen.

HH

Es gibt vergünstigte Kombi-Tickets für das Wasmeier Freilichtmuseum und beispielsweise die Slyrs-Destillery, die Schliersberg- oder Wallbergbahn. Mehr unter www.tageserlebnis-ticket.de.

Hennererhof
Hennererstraße 36
83727 Schliersee
08026 9229964

Schliersbergalm
Talstation Seilbahn
Dekan-Maier-Weg 10
83727 Schliersee
08026 6722

54 Blumenwiese auf dem Teller

Hennererhof

Der Hennererhof der Familie Prem bietet sich als gemütlicher Abschluss einer Berg- oder Mountainbike-Tour an. Dort sitzt man im Garten oder der gemütlichen Stube und genießt hausgebackene Kuchen, Kaffee, ein kühles Getränk und dazu vielleicht eine Brotzeit mit Wurst aus eigener Herstellung. Die Kuchen werden mit dem bekömmlichen Dinkelmehl der Leitzachmühle gebacken, die Eier legen die eigenen Hühner, so manche Früchte stammen aus dem Bauerngarten direkt am Hof, den man bewundern kann. Bunt durcheinander, wie es sich gehört, wachsen hier Beeren, Gemüse, Kräuter und vor allem essbare Blüten, die die Speisen verzieren oder auch zu Sirups verarbeitet werden.

Die wiederum werden im Hofladen angeboten, neben dem klassischen Holunderblütensirup auch Malven- oder Rosenblütensirup. Mit Sekt aufgegossen hat man eine köstliche Aperitif-Alternative zum üblichen *Hugo*. Oder man genießt die ausgezeichneten Selbstangesetzten wie Vogelbeer-, Mirabellen- oder Goldmelissenlikör. Meist ohne Alkohol kommen die kreativen Fruchtaufstriche daher: Stachelbeer-Apfel, Aronia-Zwetschge oder Schwarze Johannisbeere pur. Zu Gelee werden Waldmeister oder Löwenzahnblüten verarbeitet. Angelika Prem ist Kräuterpädagogin und gibt ihr Wissen gerne weiter, entweder in Führungen durch den Bauerngarten und rund um den Hof oder in Kräuterseminaren, in denen dann Tees, Tinkturen, Essenzen oder Kräuterkissen hergestellt werden, deren Heilwirkung sie erläutert.

Zu den eigenen Produkten kommen weitere Spezialitäten der Region wie Honig, Destillate, Käse oder das Bauernhofeis vom Beindlhof bei Wackersberg.

HH

Vom Ort Schliersee aus fährt eine Seilbahn auf den Schliersberg. Kehren Sie dort in der Schliersbergalm ein und genießen den Blick über den Schliersee. Mutige nehmen die Sommerrodelbahn zurück ins Tal.

Aus der Zeit des Jugendstils stammt das alte Fenster über dem Haupteingang.

Waitzinger Keller – Kulturzentrum
Schlierseer Straße 16
83714 Miesbach
08025 70000

55 Aus der Geschichte geboren

Waitzinger Keller – Kulturzentrum

Bayern versteht sich als Kulturstaat. Den Auftrag, Kultur zu fördern und zu überliefern, schrieb sich der Freistaat in seine Verfassung, weshalb landesweit Gemeinden, Städte, Landkreise, Bezirke und das Land einen bestimmten Prozentsatz ihres Etats der Kultur zugutekommen lassen. Museen und Kultureinrichtungen sowie Bürger- und Kulturhäuser prägen daher das öffentliche Bild in Bayern.

Miesbach verfügt da über eines der schönsten Kulturzentren überhaupt. Die Stadt hatte das Glück, in den 1980er-Jahren den Waitzinger Keller erstehen zu können. Der ist im wahrsten Sinn des Wortes historisch, denn das 1877 mit großen Tonnengewölben errichtete Brauereigebäude wurde während der Jahrhundertwende um einen Jugendstilsaal erweitert und konnte ab 1994 in dreijähriger Bauphase zum modernen Kulturzentrum umgebaut werden. Das repräsentative Haus zählt zu den führenden seiner Art in Oberbayern – mit einzigartigem Flair, zwei Spielebenen und weitläufigen Gewölben, einer groß angelegten Bühne, deren bespielbare Fläche die größte in der Region ist, einem Orchestergraben, zwölf Bühnenzügen, kopfbewegten Scheinwerfern, einer neuen Tonanlage und vielem mehr. Innovative Technik und zeitgemäßes Ambiente unter dem Dach des Jugendstils – das ist einzigartig in Bayern und weit darüber hinaus.

Dass dort große Kultur stattfindet, nimmt nicht wunder. Der Waitzinger Keller ist Stammsitz des Freien Landestheaters Bayern, das Oper und Operette in eigener Regie und Inszenierung zur Aufführung bringt. Auch regionale Bands fühlen sich hier heimisch. Kabarett, Theater, Kunst und Marktgeschehen ergänzen das umfangreiche Programm des außergewöhnlichen Kulturzentrums, das weit über Miesbach hinausstrahlt.

SB

In Miesbach erblickte Christian Schad, ein Maler der Neuen Sachlichkeit, im Jahr 1894 das Licht der Welt. Auf der Waldeckerhöhe erinnert vor seinem Geburtshaus, der Fohr-Villa, eine Gedenktafel an ihn.

Der Chiemgau mit der Region Inn-Salzach

95

Fassadenmalerei am Wirtshaus zum Stangenreiter am Marktplatz
Am Marktplatz 26
83115 Neubeuern
08035 3466

Innschifffahrtsmuseum Neubeuern
Marktplatz 4, 1.Stock
83115 Neubeuern
08035 2165 (Tourist-Info)

56 Die Schopper mussten nicht zum Militär

Historischer Marktplatz

Bis in die 50er-Jahre wusste jeder in Neubeuern am Inn, was und wo die Schopper waren. Als Schiffbauer waren sie Künstler ihres Fachs, gerade die Neubeurer Plätten waren sehr begehrt, und ihre Erbauer genossen deshalb besondere Privilegien wie die Befreiung vom Militärdienst. So berichtet Rupert Stuffer, Buchautor und Mitglied der Neubeurer Schiffleutbruderschaft von 1622. Zu diesem stolzen Verein gehörte auch Michael Schmidl, der letzte Schopper am Inn, der noch Ende der 70er für die Flussbauämter an Inn und Donau kleinere Schiffe nach der alten Art gebaut hat.

Genau betrachtet waren die Plätten, Zillen und Mutzen früher oft »Einwegschiffe«. Am Zielort, irgendwo donauabwärts, hatten sie ihren Zweck als Transportgerät erfüllt und wurden als Bauholz verkauft. Es sei denn, es konnte eine Fracht für flussaufwärts gefunden werden. Flussabwärts dagegen ging 1949 die Überführung einer der letzten Plätten nach Rosenheim. Der regulierte Inn hatte gerade Sommerhochwasser, und ein entwurzelter Baum war schuld, dass die Plätte an einem Pfeiler der Autobahnbrücke zerbrach. Sechs Passagiere ertranken, Michael Schmidl kam schwimmend ans Ufer. Dergleichen passierte früher auf dem noch wilden Inn häufig, Votivbilder in den Kirchen erzählen davon.

Der Markt Neubeuern, 30 Meter über dem Inn und gekrönt von einem Schloss aus dem 12. Jahrhundert, pflegt seine stolze Schiffleut-Tradition zu Recht. Die Bruderschaft hat einen Schiffleut-Wanderweg eingerichtet, der in Etappen durch die Vergangenheit führt. Außerdem gibt es ein kleines Museum, und die großzügige Malerei auf manchen historischen Fassaden zeigt, dass hier lange Zeit die Innschifffahrt das Leben geprägt hat. Bei Festen auf dem Marktplatz können die Neubeurer ihre Geschicklichkeit beim »Plätten versenken« beweisen, einer Gaudi, bei der sie höchstens von innen nass werden.

KB

Station 11 des Wanderweges: Hier wurden Mühlsteine aus Sandstein gebrochen, die dann auf Innschiffen abtransportiert wurden. Geologisches Highlight!

Wagenstaller Naturkostmühle
Obermühl 49
83083 Riedering
08036 7720

57 Kreativität als tägliches Brot

Wagenstaller Naturkostmühle

In einem kühlen Grunde – genauer gesagt im Tal des Fellbach – da geht ein Mühlenrad, seit dem Jahr 930, zu finden zwei Kilometer östlich vom Simssee. Abgelegen, still, grün und nicht ganz so kühl wie bei Eichendorff. Denn hier geht's warmherzig zu, in der Naturkostmühle der Familie Wagenstaller.

Eine Müllerfamilie sind sie seit 1765, der Großvater der jetzigen Müllerin übernahm die Mühle 1927. Heute ist diese ein weithin bekannter Naturkostanbieter. Nicht nur weil hier 1980 der erste Bioladen im Landkreis aufmachte, sondern auch weil sich die Wagenstaller Annelie ihre Eigenständigkeit bewahrt hat, obwohl sie auch Ware von vielen Bioverbänden führt. Frischware sucht man bei ihr jedoch vergeblich, denn ihr zentrales Thema sind Mehl und Brot. Davon versteht sie etwas, die ehemals jüngste Müllermeisterin Deutschlands, und in ihrer Mühle wird nach wie vor Getreide gemahlen.

Aus ihrem Laden möchte man so schnell gar nicht wieder raus, es riecht gut und immer ist gerade so viel Betrieb, dass es nebenher für einen Ratsch reicht. Prominent ist sie auch, die Annelie. Als Autorin und Verlegerin erfolgreicher Brotbücher sieht man sie auf der Buchmesse, auf Lesereisen oder in Talkshows, aber am wohlsten fühlt sie sich in ihrer Mühle. Die moderne Welt hat dort nur bedingten Einfluss. Zwar gibt es einen Internetshop, aber gleichzeitig ein richtig schönes Funkloch, »damit wir unsere Ruhe haben und offen für Ideen bleiben«. Annelies Brotbackkurse sind regelmäßig ausgebucht, und die Gestaltung ihrer Bücher ist beispielhaft.

Die farbige Stuckatur an der Hausfront stammt übrigens vom berühmten Denkmalpfleger Rudolf Esterer. »Meine Oma hat 1946 ein paar Gänse geschlachtet, dafür hat er dann unser Haus verschönert.« Tradition und Kreativität sind bei den Wagenstallers offenbar schon immer eine besondere Verbindung eingegangen.

KB

Die Brotbackkurse bei der Annelie sind mit vier Stunden Dauer auch für Urlauber leicht machbar. Jedes Brot aus dem Laden hat es danach schwer.

Die **Hemhofer Seenplatte** liegt zwischen 83093 Bad Endorf und 83125 Eggstätt

Gute Wanderkarten an der
Tourist-Info Eggstätt
Obinger Straße 7
83125 Eggstätt
08056 904619

58 Im Wald der Libellen und Seerosen

Hemhofer Seenplatte

Seenplatte ist ein arg flaches Wort. Es passt eher nach Mecklenburg als in dieses verwunschene Waldgebiet, in dem hinter Wegbiegungen und Hügeln immer wieder grüne Wasserflächen durch die Bäume blitzen und Brücken über Wasserläufe voller Seerosen führen. Zehn Seen formen diese einzigartige Wald- und Wasserlandschaft – es können auch elf oder mehr sein, wenn man die kleinen, versteckten Tümpel mitzählt. Sie ist ein Geschenk der letzten Eiszeit und heute Naturschutzgebiet.

Beim ersten Ausflug bieten die Wege mit vielen verwirrenden Kurven ein Auf und Ab, das uns vergessenes Pfadfinderwissen abverlangt, zum Beispiel über Himmelsrichtungen. Doch mit jedem Mal werden wir sicherer und finden über Holzwege, Trampelpfade oder Wildwechsel neue einsame Uferstellen, die ohne Umweltfrevel erreichbar sind. Sich hier für einige Zeit vorsichtig niederlassen, ein paar Fotos machen, Falter und Libellen beobachten oder einfach den Wolken nachschauen, das kommt dem Himmel auf Erden ganz nah. Ausgewiesene Badestellen gibt es übrigens auch.

Dieses Paradies hatte bereits vor 100 Jahren der Maler Leo Putz für sich entdeckt, viele Jahre verbrachte er den Sommer hier beim Malen im Freien. Seine Utensilien durfte er im Schloss Hartmannsberg unterstellen, wo sich bald ein kleiner internationaler Künstlerkreis traf. Heute sind die Seen ein Eldorado für Naturfotografen.

Ausgerechnet hier sollten 2012 Versuchsbohrungen auf der Suche nach Erdgas stattfinden. Die Chiemgauer packten ihren bekannten Widerspruchsgeist aus und nichts wurde es mit der modernen Schatzsuche. Die E.ON und ihr Partner aus Österreich durften ihre Geräte wieder einpacken.

Eine besonders freundliche Seite haben diese paar Quadratkilometer unverdorbener Natur, und das ist ihre Überschaubarkeit. Ein spontaner Ausflug ist immer möglich und zu jeder Jahreszeit ein Erlebnis.

KB

Zum Ausklang des Tages: ein Besuch im Wirtshaus *Zur schönen Aussicht* in Höslwang. Mit einem Breitwand-Bergblick, besser als jede Weißbierwerbung

Bauernhausmuseum Amerang
Hopfgarten 2
83123 Amerang
08075 915090

59 Der Häuslmannhof auf Reisen

Bauernhausmuseum Amerang

Was ins Museum kommt, ist entweder ausgestorben oder kurz davor. Für die Chiemgauer Bauern gilt weder das eine noch das andere, doch der Besuch im Bauernhausmuseum Amerang zeigt uns, dass es früher auf ihren Höfen ganz anders ausgeschaut hat als heute. Die Volkskundler und Denkmalpfleger sagen, genau das von früher sollte bewahrt werden. Nicht wegen der Nostalgie, sondern weil gerade Bauernhäuser ein bedeutender Teil unserer Kultur sind. In den letzten Jahrzehnten hatten die Abrissbagger auf dem Land viel zu tun, gerade hier wuchs aber auch das Bewusstsein, dass etwas Wertvolles verloren ging.

Nicht ganz: In Amerang können wir die Vergangenheit fast noch im Original anschauen, anfassen, betreten, beschnuppern und mit etwas Fantasie für kurze Zeit nachleben. Wenn der Häuslmann-Bauer von 1914 heute per Zeitreise in seiner Stube sitzen könnte, würde er aus dem Fenster zwar etwas anderes sehen und über die Lichtschalter staunen, aber bestimmt mit einem »Basst scho!« anerkennend nicken. Sein Hof von 1751 kam als letzter von 17 Höfen, Stadeln, Werkstätten und Mühlen von Aschau aus hierher, nach dreijähriger Arbeit war dann 2007 beim Häuslmann große Wiedereröffnung. In 20 Teile zerlegt hatten Spezialtransporter seinen Hof zuvor um den halben Chiemsee gekarrt.

Ein rühriger Verein hatte 1977 begonnen, für den Chiemgau typische Bauernhäuser hierher zu verpflanzen, heute ist Amerang ein Zweigmuseum des großen Vorbilds Glentleiten bei Murnau. Der Bezirk Oberbayern sprang 1982 als Nothelfer ein, weil das Vorhaben für den Verein allein nicht mehr zu stemmen war. Atmosphärisch spürt man noch, dass der Anfang hier von engagierten Einheimischen gemacht wurde. Das Museum zieht im Sommer zwar viele Touristen an, doch die 50 ausgebuchten Veranstaltungen übers Jahr zeigen, dass gerade die Chiemgauer sich in Amerang zu Hause fühlen.

KB

Höhepunkte im Ameranger Bauernjahr: März, Ostereierfärben. April, Pflanzentauschbörse. Mai, Mühlentag. September, Volksmusiktag. Oktober, Kirchweihmontag.

Gasthaus zum Roiter
Roit 1
83352 Altenmarkt
an der Alz
08621 7387

60 Zuflucht bei der Schwaigerin

Alzfähre beim Gasthaus zum Roiter

Früher wussten die Kirchgänger von Hölltal, Wies und Massingmühle, wie sie ihren Sonntagsweg nach Kloster Baumburg abkürzen konnten. Sie nahmen den Kahn beim Roiter, wenn die Alz nicht gerade Hochwasser führte. Den Kahn gibt es immer noch, die Kirchgänger benutzen aber längst das Auto. Aus dem Kahn ist eine moderne Fähre geworden, aber sonst ist beim Roiter in der Alzschleife vieles noch so wie vor etwa 70 Jahren.

Das war die Zeit, als im Chaos der letzten Kriegswochen auf dem abgelegenen Fischer- und Bauernanwesen *Beim Roiter* eine bunte Schar Gestrandeter Zuflucht fand. Bei der Schwaigerin, wie Mina Stecher, geborene Roiter und gute Seele des Ortes, genannt wurde. Auch die 23-jährige Wehrmachtshelferin Ruth Rehmann konnte hier wieder aufatmen. 40 Jahre später hat sie in ihrem Buch *Die Schwaigerin* die Jahre an der Alz so eindrucksvoll beschrieben, dass die Einkehr beim Roiter heute den Ruf eines Literaturschauplatzes hat. Die Fähre nutzen Wanderer und Radfahrer; Fahrtzeiten gibt es nicht, also kann man ruhig noch im Biergarten hocken bleiben. Früher herrschte Selbstbedienung, heute bietet die Karte von Stefan Borger regionale Küche nach der Saison. Tische und Stühle stehen immer noch unter den Obstbäumen und die Ruhe ist traumhaft. Wer weiter will, sagt Bescheid, es findet sich immer jemand, der den Fährmann macht. Zu Zeiten der Schwaigerin war das kaum anders, Nachbarn oder auch Fremden verkaufte sie gerne Bier und eine Brotzeit. Nicht so offiziell wie heute, denn früher schauten die Finanzer auch mal weg.

Das Fährhäusl am grünen Fluss hat eine Besonderheit: Es gibt keine festen Preise, Trinkgeld ist aber willkommen. Die freundlichen Leute beim Roiter fahren gut damit. Enkelin Alexandra erzählt, dass Ruth Rehmann hin und wieder aus Trostberg herübergekommen ist, zum Schwimmen in der Alz, mit über 90 Jahren!

KB

Dieser Tipp ist ein Literaturtipp: Wer *Die Schwaigerin* von Ruth Rehmann liest, dessen Bild vom Chiemgau bekommt bestimmt viele neue Facetten.

Römermuseum Bedaium
Römerstraße 3
83358 Seebruck
08667 7503

61 Der Scherben-Kare und sein Bedaium

Römermuseum Bedaium

Mit den Römern kamen die Kelten im Chiemgau gut aus. Die Menschen im Königreich der Noriker waren an Kulturaustausch und Handel interessiert, die Weltmacht aus dem Süden konnte sich also die Eroberung sparen. So wurde vor 2.000 Jahren der Chiemgau auf friedlichem Weg Teil der römischen Provinz Norikum. Seebruck war immer schon ein wichtiger Siedlungsplatz gewesen, für das römische Fernstraßennetz gewann Bedaium, benannt nach dem keltischen Flussgott Bid, nun auch als Brückenkopf am Seeabfluss Alz strategische Bedeutung. Doch all diese alten Geschichten hielten die Seebrucker für nicht so wichtig, bis der »Scherben-Kare« ihnen die Augen öffnete.

Carl Ostermayer, Fotograf und Hobby-Archäologe, entdeckte beim Graben neben Scherben auch Münzen, Fibeln, Waffen, Werkzeuge und die ersten von vielen Gräberfeldern aus der Römerzeit. Eigentlich waren Grabungen von Laien schon in den 60ern eingeschränkt. Mancher Bauherr hätte sich später gerne darauf berufen, doch Ostermayer war inzwischen halboffizieller Lokalarchäologe. Wo immer ein Bagger ansetzte, war der Scherben-Kare zur Stelle, eine Ausnahme, dass er mal nichts fand.

Sensationell sein Fund einer 2.000 Jahre alten Schmucklibelle. Eine frische Betonmauer am Friedhof ließ er wieder abreißen, man hatte sie genau auf den alten Fundamenten des römischen Kastells errichtet. Direkt daneben steht heute das Römermuseum Bedaium, 1988 eingeweiht und von der Prähistorischen Staatssammlung in München betreut: moderne Vitrinen, professionelle Beleuchtung und über 500 Exponate!

Den Stolz der Seebrucker hat der Scherben-Kare gerade noch erlebt. Beim jährlichen Römerfest zu seinem Gedenken füllen sich Straßen und Plätze rund um das Museum mit Kelten, Römern und Germanen, mit Handwerkern, Musikanten und antiken Garküchen. Das bunte Bild vom Chiemgau zur Römerzeit hätte dem Kare gefallen.

KB

Sollte man unbedingt anschauen: Auf dem Radlweg Richtung Truchtlaching steht das rekonstruierte Keltendorf bei Stöffling. Es ist frei zugänglich.

Chiemsee-Schifffahrt
Ludwig Feßler
Seestraße 108
83209 Prien
am Chiemsee
08051 6090

62 Bei Nebel ging's nach Kompass

Chiemsee-Schifffahrt

»Wenn so viel los ist wie heute, dann fährt er sich nimmer so schön«, sagte Schiffsführer Rudi und machte dabei Handbewegungen, die ein Ungleichgewicht andeuteten. Er, das war der 88 Jahre alte Raddampfer Ludwig Fessler, der Stolz der Chiemsee-Schifffahrt. Auf der voll besetzten Fahrt war von Ungleichgewicht nichts zu merken, aber Rudi musste es wissen, er war der dienstälteste Kapitän und fuhr den Ludwig schon über 30 Jahre. Ich durfte mit ihm auf der Brücke reden, und schnell wurde klar, dass die anderen Schiffe der Flotte für ihn nur schwimmende Transportbehälter waren.

Zur Besatzung an diesem schönen Septembertag gehörten außerdem Andi, der die Kasse bediente, Sepp, als Matrose beim Anlegemanöver unentbehrlich, und Christine, die den Kiosk machte, als Einzige nicht in Uniform. Als der Ludwig noch unter Dampf gefahren war, waren bis zu acht Mann Besatzung nötig, erzählte Rudi. »Und Radar gibt es erst seit 1985, heute haben wir auch noch GPS.« Bis dahin wurde bei Nebel auf dem Chiemsee noch nach Karte und Kompass gefahren. Der Ludwig fährt seit 1973 dieselhydraulisch, den modernen Führerstand hatte Rudi als gelernter Schlosser selbst entworfen und zusammen mit den Feßler-Schreinern gebaut. Seinen Ludwig kannte er bis in die letzte Niete, und man merkte, dass er mit niemandem tauschen möchte.

Draußen auf den Decks, wenn sich die Hektik nach dem Einsteigen gelegt hatte, sah man nur zufriedene bis andächtige Gesichter. Das schmale, schnelle Schiff begeisterte alle, auch die Gruppe der Chinesen wurde still und staunte über die eleganten Manöver an den Stegen. »Passiert ist noch nie was«, sagte Sepp, die Passagiere seien bei den Feßlers sicher. Vor vielen Jahren sei mal ein Matrose über Bord und ins Schaufelrad gekommen. »Den haben sie in der schwarzen Kiste weggetragen.« Wahrheit oder Chiemgau-Sage? Von denen kannte der Sepp nämlich alle.

KB

Nicht nur für Nostalgiker: vom Bahnhof Prien mit der historischen Dampf-Lokalbahn von 1887 bis zum Hafen fahren. Ihr Qualm ist denkmalgeschützt.

Ewigkeitsweg
Startpunkt: Moosbacher Straße,
Ortsausgang
83224 Grassau

Tourist-Information Grassau
Kirchplatz 3
83224 Grassau
08641 697960

63 Der alte Weg durch die »Grüne Hölle«

Ewigkeitsweg durch die Kendlmühlfilzen

Wenn er das Schild »Ewigkeitsweg« liest, wird sich der Wanderer vielleicht fragen, ob es hier zu einem spirituellen Platz mit Blick in die Ewigkeit geht. Oder, wenn er erschöpft ist: »Geht diese grüne Hölle denn ewig so weiter?« Die letzte Empfindung kommt dem Ursprung des Namens am nächsten.

Denn so viel weiß er sicher, dass er hier mitten durch ein ehemaliges Hochmoor wandert: die Kendlmühlfilzen, in der vor vielen Jahrzehnten noch Torf abgebaut wurde. Von Bauern auf ihrem privaten Torfstich, unauffällig und eher am Rande; mit viel Aufwand dagegen, quasi industriell, durch Kolonnen von Strafgefangenen. Diese kamen von der im Westen gelegenen Strafanstalt Bernau, arbeiteten manchmal am anderen Ende der Filzen, weit im Osten, und wurden nach Schichtende mit einer Feldbahn zurückgekarrt. Auf einem Weg, der ewig kein Ende nehmen wollte. So zumindest erklären uns die Einheimischen den Wegnamen.

Wer genau hinschaut, sieht neben dem Wanderpfad eine Art Schneise, von Gras und Gebüsch überwuchert. Schnurgerade, wie ein langer grüner Tunnel durch das Birken- und Erlengehölz, vom Ende des Weges ist ewig nichts zu sehen. Hier liefen die Schmalspurgeleise, auf denen in offenen Wägen die unfreiwilligen Torfarbeiter zur Arbeit und wieder zurück fuhren. Heute ist der Ewigkeitsweg grün und friedlich und gehört auch deshalb zu den touristischen Geheimtipps im Chiemgau.

Besonders zu empfehlen im Frühjahr, wenn das Wollgras mit seinen weißen Schöpfchen blüht, oder im Sommer, wenn die Moorheide die Flächen violett dominiert. Wer einen Blick dafür hat, findet Preisel- oder Moosbeeren. Libellen aller Art stehen über den Wasserflächen ehemaliger Torfstiche, ehemalig deshalb, weil die Filzen seit 1992 als Naturschutzgebiet ausgewiesen ist. Langsam aber stetig findet das Hochmoor in seinen ursprunglichen Zustand zurück.

KB

Die Kendlmühlfilzen von oben betrachten kann man im Berggasthof Adersberg in Rottau (08641 699360, www.hotel-am-chiemsee.de).

Die **Tiroler Ache** ist der Hauptzufluss des Chiemsees
Startpunkt:
Parkplatz Raitener Straße
83259 Schleching-Mettenham

Gasthaus Zellerwand
Raitener Straße 46
83259 Schleching-Mettenham
08649 217

64 Ein Tag am Chiemgauer Yukon

Tiroler Ache bei Mettenham

»Hier schaut's ja aus wie in Kanada!«, ruft Sebastian, als er die sonnige Kiesbank am grünen Fluss sieht. Für Jack London ist er noch zu jung, denkt sich der Opa, es werden wohl die Geo-Hefte gewesen sein. Der Enkel hat recht, die Tiroler Ache baut hier als Wildfluss nach jedem Hochwasser einen neuen Tummelplatz für die Fantasie. Am Oberlauf des Yukon sieht es sicher nicht anders aus, wenn die Sonne nach der Überschwemmung die Weidenbusch-Inseln trocknet, wo frisches Treibholz wild durcheinander liegt. Nur noch ein Lagerrest der Athapasken ist zu sehen, ihre typischen Totempfähle mit den geflochtenen Traumfängern aus Weidenästen hat das Wasser verschont. Schade, die Limoflasche im Sand zeigt, dass hier nur das Schlechinger Jungvolk Indianer gespielt hat. Schön muss es sein, in dieser traumhaften Umgebung aufzuwachsen.

Von der B 307 zwischen Marquartstein und Schleching sind es vom Parkplatz an der Bachbrücke bei Mettenham gerade mal 20 Gehminuten bis nach »Kanada«, trotzdem ist es dort auch an schönen Sommertagen erstaunlich ruhig, nahezu menschenleer. Vielleicht zu viel Natur auf einmal? Die Steine sind aufgeheizt, die Ache rauscht glitzernd über flache Stellen, das steile Waldufer gegenüber zeigt alle Schattierungen von Grün, und die Bussarde teilen sich den weißblauen Himmel mit einem Segelflugzeug. Von Zivilisation ist sonst nichts zu hören und zu sehen. Das Grillfeuer geht langsam aus, und die Kinder bauen friedlich ihre Stauseen. Auf die Frage, ob wir »da mal wieder hingehen«, gibt es nur ein eindeutiges Ja. Spätestens im Herbst, beim »Chiemgau-Indian-Summer«, wenn der Waldhang gegenüber in allen Farben leuchtet.

Wie gesagt, man muss bereit sein, etwas zu wandern, um nach »Kanada« zu kommen. Was man für einen schönen Tag in der Wildnis braucht, muss getragen werden, doch die kleine Mühe lohnt sich!

KB

Gleich hinter Mettenham Richtung Raiten liegt an der Straße das schöne historische Gasthaus Zellerwand (Beim Birner). Dominik Müller kocht erstklassig!

Die **Streichenkirche St. Servatius**
liegt neben dem
Berggasthof Streichen
Streichen 1
83259 Schleching

65 Nichts kann Dir gleichen …

Streichenkirche St. Servatius

Und der fromme Spruch geht weiter: »… o Maria auf dem Streichen, Sankt Wolfgang, Servaz, Dionys, ihr helft uns allemal ganz gwiss!« Obwohl Servatius zu den Eisheiligen gehört, traut das Verserl den drei Heiligen im gotischen Altar der Streichenkirche offenbar viel Gutes zu. Wer waren nun diese drei Schutzpatrone? Dionys wurde in Paris enthauptet, darum trägt er einen zweiten Kopf unterm Arm. Servatius war Bischof von Maastricht, lange vor den Europa-Verträgen. Mit Politik wollte der dritte, St. Wolfgang von Regensburg, Zeit seines Lebens nichts zu tun haben. Deshalb zählt er in Bayern wohl zu den beliebteren Heiligen.

Georg Lohmeier schreibt: »Wer im Chiemgau war und nicht auf dem Streichen, der kennt die fromme Vielfalt abendländischer Kultur nicht.« Wir ahnen, was er meint, wenn wir die kleine Vorhalle von St. Servatius betreten. Vor lauter gotischen Fresken und Schnitzereien weiß man nicht, wo man zuerst hinschauen soll. Es ist dabei nichts überladen und alles wohltuend schlicht. Der wunderschöne Flügelaltar, von einem Salzburger Meister geschaffen, wurde übrigens im 17. Jahrhundert nach Gschwendt in Tirol entführt. Erst Denkmalpfleger Rudolf Esterer brachte ihn 300 Jahre später an seinen angestammten Platz zurück.

Die Streichenkirche ist für Chiemgaubesucher ein Muss, zumal heutzutage der bequeme Weg vom Wanderparkplatz keine halbe Stunde dauert. Früher brauchten die Pilger länger, bis sie auf dem Naturbalkon Streichen auf 814 Metern angelangt waren. Weltlichen Ausgleich für ihre Mühen fanden sie im Mesnerhof, der 1435 dort als Refugium für kirchliche Würdenträger errichtet wurde, bald aber allgemein als Gasthaus diente. Der Blick auf Geigelstein und Achental ist von den Tischen im Freien unvergleichlich. 20 Meter oberhalb schaut man von der Kirche aus nach Tirol, wohin die drei Heiligen ihren kurzen Ausflug gemacht haben.

KB

Der Berggasthof Streichen stand 2021 kurz vor dem Aus. Die »Streichenfreunde« aus Schleching sorgten für seine Rettung und heute gehört er ganz offiziell zum Kulturerbe Bayern.

Wochinger Brauhaus
St.-Oswaldstraße 4
83278 Traunstein
0861 3045

66 Niemals bei Regen in den Biergarten

Beim Wochinger Brauhaus

Biergarten geht wirklich nur bei Sonne und das Umschalten auf Gelassenheit nur im Schatten von Kastanien. Jetzt wissen wir auch warum: Eines der besonders großen Exemplare im Wochinger Biergarten wartete einen Regentag ab, um sich vom Baumleben zu verabschieden. »Da haben wir ein Riesenglück gehabt«, sagt Pächter Florian Baur, »genau das bissl Gewicht vom Regen hat's gebraucht, damit sie umfällt« – im Gott sei Dank leeren Biergarten. »Der Traunsteiner Baumdoktor hat dann alle angebohrt und leider haben ein paar rausmüssen, wir haben aber gleich neue reingesetzt.«

»In 50 Jahren sieht's schon wieder anders aus«, kommentiert der Stammgast aus Salzburg den Ratsch am Tisch. »Das seh ich dann zwar nimmer, aber bis dahin komm ich regelmäßig.« So wie die Traunsteiner und Chiemgauer seit den 70er-Jahren. Damals wurde der Pferdestall der Wochinger Brauerei zum Bräustüberl umgebaut, und nach einer gelungenen Renovierung vor 26 Jahren herrscht beim Wochinger ein Biergartenleben, wie man es sich wünscht. Jung und Alt, Wichtig und Unwichtig, Hiesig und Auswärts sitzen beinander, und auch die jungen Kastanien vertragen sich mit den alten.

Die Wochingers kamen 1892 aus Niederbayern nach Traunstein. Seit 1587 eine Brauerfamilie, siedelten sie oberhalb der Traun vor den Toren der Stadt. Seitdem gewinnt ihr Bier Preise und hat bis heute einen hervorragenden Ruf. Auf dem großzügigen Brauereigelände stehen noch alle Gebäude von damals, frisch in Gelb und Weiß und alle noch in Betrieb. Der herrschte auch 20 Jahre lang im *NaNu*, der legendären Musikkneipe beim Wochinger. Die musste schließen, weil mit der näher rückenden Bebauung manche Eigentümer ihr »mitgekauftes« Ruherecht einforderten. Also eröffneten die Wochingers am selben Platz das Steakrestaurant Leonrod, dort sitzen jetzt auch die ruhebedürftigen Nachbarn.

KB

Ein Spaziertipp: die von Jakob Wochinger gebauten Jugendstilvillen »am Wochingerspitz« anschauen. Nur fünf Minuten vom Biergarten, prachtvoll!

Bäckeralm
Almtelefon: 0171 7242295

Standardroute:
Am Wanderparkplatz beim Forsthaus Adlgass 83334 Inzell beginnen zwei beschilderte Wege.

Landkaufhaus Mayer
Vachendorfer Strasse 3
83313 Siegsdorf
08662 49340

67 Kaiserschmarrn ohne Kaiserblick

Bäckeralm (1.100 Meter)

Es ist egal, wo man im Chiemgau vom Berg aus nach Süden schaut, der Kaiser ist immer präsent. Bei meinem Gang zur Bäckeralm war's aber herbstlich bedeckt und außerdem ein bissl zu weit östlich. Schade, weder ein wilder noch ein zahmer Kaiser in Sicht, dann hol' ich ihn mir halt zum Trost als Schmarrn auf den Tisch. Und was soll ich sagen? Hier oben, von der Elisabeth auf dem Holzofen hergerichtet, schmeckt er noch um einiges besser als da, wo mir der Kaiser beim Schmarrnessen zuschauen kann. Einen Schmarrn red ich? Mag sein, hat bestimmt mit dem grauen Herbst zu tun. »Elisabeth, machst du mir einen Kaffee?« Vielleicht hilft's ja.

Ein Schild auf halber Höhe des Weges berichtet, dass hier mitten im Bergwald einmal der Hocherbhof gestanden hat, mit 65 Tagwerk Weide und Acker. Später lese ich nach, dass die Witwe Therese Baumgartner 1861 an die königliche Saline verkaufen musste, die dann den Hof schleifte und alles zu Wald machte. Renaturierung? Wohl kaum, das Holz werden sie gebraucht haben, für ihre hungrigen Sudpfannen in Traunstein.

Endlich Stimmungsaufhellung, die Sonne kommt ein wenig raus. Elisabeth, die Bäuerin, setzt sich zum Reden zu mir. Aus dem Jahr 1799 ist die Bäckeralm, kaum etwas wurde seitdem verändert, nur das Dach haben sie manchmal neu gedeckt. Die Familie Hallweger in Teisenberg bewirtschaftet die Alm seit 1920 – ihr Hof heißt seit Urzeiten *Beim Bäck*, daher der Name. Ein Dutzend Jungvieh steht jeweils für zwei Jahre auf den sechs Hektar Almwiese, »die san dann scho was wert nachad«. Die Hallwegers müssen rechnen, auch als Biobauern; nicht die ersten, die ich auf Almen treffe. Wo Eier, Milch und Mehl für meinen Kaiserschmarrn herkommen, kann ich auf der Karte nachlesen. Die Stunde Weg lohnt sich aber auch für den, der nicht auf Süßes steht, sondern auf Brot und Speck mit einem Glas naturreinem Wein.

KB

Ein Platz für Alternativ-, Eso- und Bio-Fans: das Landkaufhaus Mayer in Siegsdorf-Schweinbach. Nicht nur im Chiemgau, sondern in ganz Bayern einmalig!

Naturerlebnispfad im Altöttinger Gries
Startpunkt: Parkplatz an der Wöhrstraße
84503 Altötting

Bürger- und Touristinfo Altötting
Kapellplatz 2a
84503 Altötting
08671 506219

68 Von Hör- und Kletterbäumen

Naturerlebnispfad im Altöttinger Gries

Biologieunterricht muss nicht im schnöden Klassenzimmer stattfinden, sondern macht unter freiem Himmel am meisten Spaß. Eine wunderbare Gelegenheit dazu bietet der 1,4 Kilometer lange Naturerlebnispfad im Altöttinger Gries. Nahe der Altöttinger Innenstadt wird hier seit seiner Eröffnung 2019 Spannendes über die Natur und ihre Lebensräume vermittelt. Entstanden ist der Lehrpfad auf die Initiative der Kreisgruppe Altötting des »Bund Naturschutz in Bayern e.V.« hin. Dabei haben Schüler aus der Region und Engagierte des Bundesfreiwilligendienstes einzelne Stationen tatkräftig mitgestaltet.

Rund um den Mörnbach gibt es an den elf Mitmach-Stationen samt Infotafeln für große und kleine Naturforscher viel zu entdecken: von den Bodenschichten über das Wasser bis zu den tierischen Bewohnern. Wer den Pfad von der Wöhrstraße aus betritt, kann sogleich die Spechte klopfen lassen und versuchen, die verschiedenen Klopfmuster einiger Spechtarten nachzuahmen. Jüngere Besucher entschlüsseln eine Geheimbotschaft mittels des Morsealphabets, die das Glühwürmchen Irmi auf der kindgerechten Infotafel hinterlassen hat. Währenddessen müssen die Kleinsten aber nicht tatenlos zusehen, sie können sich die Geschichte von Irmi, dem Maskottchen des Lehrpfads, vorlesen lassen.

Den Bewohnern eines Baumes bei ihrem Tagewerk zu lauschen gelingt am Hörbaum, einfach den Kopf in den Baum stecken und die Ohren spitzen. Wer es den Eichhörnchen gleichtun und die Kletterkünste unter Beweis stellen mag, hat am Kletterbaum und der Kletterspinne seine Freude.

Auf dem Naturerlebnispfad werden die Sinne geschärft für die Vielfalt der Natur, die nicht abgelegen liegen muss, sondern ihre Wunder auch ganz nah am Stadtgebiet entfalten kann – wenn man nur genau hinschaut und -hört.

AK

Wer den Naturlehrpfad mit wachem Blick begeht, entdeckt die Holztiere, die sich hier verstecken.

Das Berchtesgadener Land

Gradierhaus
Kurstraße
83435 Bad Reichenhall

69 Seeluft mitten in den Bergen

Gradierhaus

In unserer hektischen Zeit kennt man es gar nicht mehr – das Wandeln. Im Gradierwerk kann man dies wieder einüben. Denn hier geht es darum, langsam auf und ab zu schlendern und dabei die mit Sole angereicherte Luft tief einzuatmen. Eine gesunde Übung für die heute so oft geforderte Entschleunigung.

Dabei ist ein Gradierwerk eigentlich eine Erfindung zur Energieeinsparung. Das war schon im 17. Jahrhundert ein wichtiges Thema, wenigstens bei der Salzgewinnung. Denn je höher der Salzgehalt der gesiedeten Sole lag, umso weniger Brennmaterial brauchte man. Also versuchte man auf natürlichem Wege, den Salzgehalt der Sole zu steigern. Anfangs ließ man die Sole über Strohbüschel fließen, damit die Luft möglichst viel Wasser aufnahm und die Sole salzhaltiger wurde. Doch das Stroh erwies sich als Fehlgriff. Es faulte zu schnell und verunreinigte noch dazu die Sole. Schwarzdornzweige hingegen waren viel besser dafür geeignet. Also errichtete man mit ihnen Gradierwerke, ließ die Sole von oben über die Wände aus Zweigen rieseln und die Luft und die Sonne ihre hilfreiche Arbeit verrichten. Ideal war auch, dass an den Dornen Verunreinigungen hängen blieben. Die so gradierte Sole, daher der Name Gradierwerk, konnte nun mit geringerem Energieaufwand gesiedet und das weiße Gold gewonnen werden.

Dass das Ganze auch der Gesundheit zugute kommt, darauf kam man erst später. Denn durch das Herabrieseln der Sole reichert sich die Luft mit Salz an und eine gesunde Seeluft entsteht. Für Allergiker und Asthmatiker kann das eine positive Wirkung auf die Atemorgane haben. Das 1910 rein für Kurzwecke gebaute Gradierwerk in Bad Reichenhall ist ein sehr schön proportionierter Bau, in dem es sich wunderbar wandeln lässt. Am besten auf der dem Wind abgewandten Seite, also da, wo keine Sole tropft, denn hier ist der Salzgehalt der Luft am höchsten.

CM

Von April bis Oktober finden jeden Donnerstag Führungen statt, bei denen die alte Technik im Dachgeschoss des Gradierwerks erklärt wird.

Café Reber
Ludwigstraße 10–12
83435 Bad Reichenhall
08651 60030

70 Mozarts süßeste Seite

Café Reber

Übersehen kann man das Café Reber nicht. Das bekannte Reber-Rot knallt schon von weitem durch die Fußgängerzone. Wie eine große Pralinenschachtel schaut es aus und auch innen hält man sich konsequent an die von der Verpackung der Mozartkugeln vorgegebene Farbpalette von Rot und Gold. Betritt man den Verkaufsraum, taucht man ein in eine rotgoldene süße Welt. Gerne würde man seine Sonnenbrille zücken, um die Farben etwas abzumildern, aber es gehört zu Bad Reichenhall einfach dazu.

Von unzähligen Pralinen schaut Wolfgang Amadeus Mozart persönlich herunter. Mit seiner weißen Lockenperücke und der roten Jacke sichert er den Pralinen einen hohen Wiedererkennungswert. Es war schon ein genialer Schachzug, den bekanntesten Komponisten als Werbefigur einzusetzen. Der Export geht heute in die ganze Welt. Doch auch der Geschmack einer Mozartkugel ist sehr einprägsam. Pistazien-Marzipan und Mandeln sowie Haselnuss-Nougat werden mit Schokolade umhüllt. Eine sehr süße Angelegenheit, der man aber gerne immer wieder erliegt. Neben den bekannten Mozartkugeln kursiert eine Fülle an verwandten Produkten. Vor allem die Pasteten mit ihren verschiedenen Füllungen haben ihre Liebhaber. Zum Verzehr vor Ort empfehlen sich die Kuchen und Torten aus der eigenen Konditorei, die wahre Sahneberge sind. Beliebt sind auch die Florentiner, eine Spezialität des Hauses. Dabei werden Mandeln, Honig, Butter und frische Sahne behutsam gebacken und in Schokolade eingetunkt. Die quadratischen Täfelchen sind knusprig süß, gelegentlich wird der etwas günstigere Bruch im Geschäft verkauft.

Wer noch nicht genug von Mozart hat, sollte sich in den Cafégarten setzen. In ihm plätschert der Mozartbrunnen, bekrönt vom Komponisten. Seine Frau Constanze sitzt daneben, zusammen mit ihrem kleinen Hündchen. Mehr Mozart geht nun wirklich nicht.

CM

In den Sommermonaten findet jeden Samstag eine Mozart-Matinee statt. Musiker in Kostumen des Barock spielen beliebte Stücke des Komponisten.

Hirscheckblitz Rodelbahn
Startpunkt:
Talstation Sesselbahn
Schwarzecker Straße 80
83486 Ramsau
08657 368

71 Auf den Schlitten, fertig, los!

Hirscheckblitz Rodelbahn

Heißajuchee, die Kufen sausen über den glatten Schnee, der Fahrtwind bläst einem ins Gesicht und man muss versuchen, die Kurven in Ideallinie zu nehmen. Wie wunderbar frei man sich dabei fühlt, eine fast vergessene Kindheitsfreude steigt hoch. Wer sagt, dass nur Kinder beim Schlittenfahren Spaß haben dürfen? Auch Erwachsene kommen dabei voll auf ihre Kosten.

Besonders gut geht es auf der Naturrodelbahn am Hochschwarzeck in der Ramsau. Denn diese wird richtig präpariert und so bleibt man auch bei viel Schnee nicht stecken, daher ist sie auch für Rodelanfänger geeignet. Die Profis hingegen werden das stetige Gefälle zu schätzen wissen.

Gelenkt wird mit Ferseneinsatz, dabei spritzt der Schnee in hohem Bogen auf, eine Skibrille ist hier empfehlenswert. Gebremst wird ebenfalls mit den Füßen, doch wer will schon bremsen? Bei einem Gefälle zwischen 16 und 24 Prozent kann man wunderbar dahinsausen. Anders als die kleinen Hügel der Kindheit ist diese Rodelbahn ganze 2,3 Kilometer lang. Auf der Naturrodelbahn verteilen sich 16 Kurven. Doch keine Angst, hinausschleudern kann es keinen aus den Kurven, sie sind mit Netzen gesichert.

Natürlich hält man ausreichend Abstand zum Vordermann, oder überholt ihn zügig. Es soll allen Spaß machen. Nur wenn man auf der Strecke stehen bleibt, sollte man daran denken, den Rodel festzuhalten. Sonst fährt er ohne einen ins Tal. Es ist toll, dass auf der Rodelbahn keine Fußgänger oder Skitourengeher unterwegs sind. Das sorgt für ungehinderten Fahrspaß. Hinauf kommt man zu Fuß über einen schönen Weg oder ganz einfach mit der Sesselbahn. Denn immerhin müssen 400 Höhenmeter überwunden werden. Die Hochschwarzeckbahn endet gleich neben dem Start. Von hier oben hat man einen wunderbaren Ausblick auf die Berchtesgadener Bergwelt, und eine Wirtschaft bietet obendrein leckere Schmankerl. Denn Rodeln macht nämlich hungrig.

CM

An der Talstation können Schlitten ausgeliehen werden. Der rasanten Fahrt steht dann nichts mehr im Wege.

Hochkalter oberhalb der **Blaueishütte**
Im Tal 106
83486 Ramsau
08657 271

72 Eine kühle Schönheit

Hochkalter

Man passiert die Blaueishütte und erstarrt. Angesichts der Imposanz und der Veränderung. Am einst mächtigen Gletscher ist die globale Erwärmung nicht spurlos vorbeigegangen. Das Eis hat sich in die hinterste kühle Ecke zurückgezogen wie ein waidwundes Tier. Zwar umstehen Blaueisspitze, der Hoch- und der Kleinkalter noch immer hufeisenförmig den Gletscher und werfen ihre schützenden Schatten über ihn, aber bald wird das nicht mehr ausreichen. Die Tage für den nördlichsten Alpengletscher sind wohl gezählt. Biegen wir darum lieber im sogenannten Sumperloch rechts ab: Der Hochkalter mit seinen 2.607 Metern ist unser Ziel.

Durch ein Geröllfeld geht es hinauf zum »Schönen Fleck«. Der trägt seinen Namen zu Recht, denn von ihm kann man schon weit in den Alpenhauptkamm blicken. Kurz verschnaufen, vielleicht die Schuhe etwas fester binden, denn nun befinden wir uns schon auf dem Grat. Das hochalpine Gelände erfordert Trittsicherheit und schwindelfrei sollte man auch besser sein, denn links stürzt der Fels steil hinab zum Blaueisgletscher. Darum ist es gut, die Wegmarkierung, die roten Punkte im weißen Kreis, immer im Blick zu haben. Manchmal schaut man umher wie in einem Suchbild, bis man erleichtert die Markierung wieder gefunden hat.

Über den Rotpalfen und den Kleinkalter geht es hinauf zum Gipfel des Hochkalters. Dass der Ausblick fantastisch ist, braucht man schon gar nicht mehr zu erwähnen, bei diesen Höhen ist das selbstverständlich. Dankenswerterweise hat jemand Holzbohlen als Sitzgelegenheit heraufgebracht und so genießen wir recht bequem auf dem engen Gipfel den Blick in die Weite. Jetzt ist man froh um das mühsam hinaufgeschleppte Wasser. Hinab geht es über das Ofental. Das schroffe Gelände geht bald in rutschiges Geröll über. Fast exemplarisch können wir beim Abstieg die verschiedenen Vegetationszonen durchwandern, bis wir unten im Klausbachtal ankommen.

CM

Der Aufstieg über das Ofental ist zwar nicht so steil, allerdings erschweren die ausgedehnten Schuttfelder den Anstieg.

Ruderbootverleih Königssee
Malerwinkelweg 1
83471 Schönau am Königssee

Schifffahrt Königssee
Seestraße 55
83471 Schönau
am Königssee
08652 96360

73 Mit Muskelkraft übers Wasser

Ruderfahrt auf dem Königssee

Sind Ihre Beine vom Berggehen müde und brauchen Sie ein wenig Ausgleichssport für die Arme? Dann ist eine Ruderfahrt auf dem Königssee genau das Richtige für Sie. So schön es ist, mit dem Elektroboot über den See nach St. Bartholomä zu schippern, was sozusagen zum touristischen Pflichtprogramm gehört, mit dem Ruderboot kommt man dem See noch näher.

In den hölzernen Bootshallen geht es los. Doch um eines klarzustellen, die angeschlagenen 15 Minuten, die es brauchen soll, bis man den freien Blick auf die Wallfahrtskirche hat, sind nur von geübten Ruderern zu schaffen. Auch die Fahrt bis St. Bartholomä sollte man sich gut überlegen, denn sie dauert rund eineinhalb Stunden, ohne Pausen wohlgemerkt und mit konstanter Schlagzahl.

Es ist besser, an Christlieger vorbeizurudern, der einzigen Insel im Königssee. An ihr kann man das Boot festmachen und der Statue des Johannes von Nepomuk Guten Tag sagen. Aber noch hat man Kraft in den Armen und so langsam findet auch der ungeübte Ruderer seinen Rhythmus. Allerdings sollte man auf die Elektroboote aufpassen, denn sie haben immer Vorfahrt.

Der See ist groß genug und hat man endlich die Felsnase der Kreuzelwand umrundet, breitet er sich malerisch vor einem aus. Also für die Mitfahrer, der Ruderer kann erst bei der Heimfahrt den Ausblick genießen, sitzt er doch mit dem Rücken zur Fahrtrichtung. Wie weit man rudern will, bleibt ganz der Oberarmmuskulatur überlassen. Für Ungeübte ist erfahrungsgemäß nach einer Stunde das Limit erreicht und wenn sich die ersten Blasen an den Händen gebildet haben, ist man froh, die Riemen loslassen zu können. Bei schönem Wetter kann man unterhalb des Malerwinkels am Ufer an- und eine Badepause einlegen oder den kleinen Strand beim Königsbachwasserfall ansteuern. Oder einfach im Boot sitzen und die Rundumkulisse genießen.

CM

Auch am Hintersee in der Ramsau kann man Ruderboote mieten. Der See ist kleiner und überschaubarer. Wer will, kann dort ein Tretboot nehmen.

Nationalparkzentrum
Haus der Berge
Hanielstraße 7–11
83471 Berchtesgaden
08652 9790600

74 Sehen, lernen, schützen

Nationalparkzentrum Haus der Berge

Nähert man sich Berchtesgaden, überrascht der große, mit rostigem Eisen überzogene Kasten. Ein wenig aufmüpfig erhebt er sich gegen den Watzmann, fast wie ein gepanzerter Kämpfer. Es ist, als müsste er das nachgebildete Bergmodell in seinem Inneren gegen die wirkmächtigere Realität verteidigen. »Vertikale Wildnis«, lautet das Motto im Informationszentrum. Von den Tiefen des Königssees über die Bergwälder, Wiesen und Almen bis hinauf zum kargen Lebensraum der Felsregionen ziehen sich die Themen der Ausstellung – immer die Bergattrappe hinauf.

Museumspädagogisch auf neuestem Stand werden Flora und Fauna und die komplexen Zusammenhänge in der Natur dargestellt. Unglaublich, welche Artenvielfalt von Tieren und Pflanzen es im Nationalpark Berchtesgaden gibt. Ganz nebenbei lernt man viel über die teils bedrohten Arten, erfährt, dass auch wir nur ein Teil des Ganzen sind und uns einfügen müssen in die natürlichen Abläufe.

Aber muss man so viel über die Natur wissen, um sie zu schätzen? Reicht es nicht, sie einfach anzuschauen? Bei einem Gang durch das Haus der Berge wird klar, um wie viel eindringlicher das Erleben der Natur wird, wenn man sich näher mit ihr auseinandersetzt. Ein achtsamer Umgang mit unserer Umwelt folgt fast als Selbstverständlichkeit dem Wissen um das empfindliche Gleichgewicht auf unserer Erde.

Höhepunkt ist natürlich der Blick vom künstlichen Gipfel hinüber zum Watzmann, der allerdings nur bei passendem Wetter seine beeindruckende Wirkung entfalten kann. Das Haus der Berge stellt eine Ergänzung zum Nationalpark Berchtesgaden dar. Dabei handelt es sich um den einzigen Alpen-Nationalpark in Deutschland. Seine oberste Zielsetzung liegt im Schutz der Natur in ihrer Ursprünglichkeit. In der Kernzone kommt es zu keinerlei Eingriffen des Menschen, denn seine Grundidee lautet: Die Natur Natur sein lassen.

CM

Der Nationalpark bietet das ganze Jahr ein reichhaltiges Veranstaltungsprogramm an. Gerade die geführten Touren für Familien mit Kindern sind sehr empfehlenswert.

Salzbergwerk Berchtesgaden
Bergwerkstraße 83
83471 Berchtesgaden
08652 60020

75 Kühler Stollen und alter Pulverturm

Salzbergwerk mit Rundweg

Ein Besuch des Salzbergwerks in Berchtesgaden ist fast schon Pflicht, wenn man im Berchtesgadener Land ist. Die Einfahrt mit der Grubenbahn, nachdem man sich bergmännisch eingekleidet hat, und die anschließende Führung unter Tage sind richtig aufregend. Die Fahrt über den Salzsee mit ihrer Licht- und Klangshow bildet dabei den Höhepunkt. Noch heute ist das Salzbergwerk in Betrieb und baut die Sole ab. Aber manchmal kann der Besucheransturm ganz schön groß werden. Dann heißt es, die Wartezeit bis zur Einfahrt in den Berg zu überbrücken. Der Rundweg oberhalb des Salzbergwerkes ist dazu gut geeignet.

Anfangspunkt ist die Salz-Terrasse über dem Besucherzentrum. In den aufgestellten Schaukästen können Besucher allerhand rund ums Salz entdecken. Gerade Kindern macht es Spaß, durch die Linsen auf die schönen Salzkristalle zu schauen. Weiter geht es hinauf zum Eingang zur Moserrösche, einem Tunnel durch den Berg. Drei hölzerne Bergmänner in ihrer Paradeuniform bewachen den Eingang. Der Stollen ist 105 Meter lang und wurde 1657 durch den Berg geschlagen. Durch ihn wurde Wasser geleitet, das die Wassersäulenmaschine am Bergwerk antrieb. Die Maschine pumpte die wertvolle Sole aus den Bergwerk, die zum Sieden nach Bad Reichenhall weitergeleitet wurde. Doch der Stollen wurde auch als Verbindungsgang zu einer oberhalb gelegenen Salzlagerstätte benutzt.

Kühl ist es in dem Stollen und immer wieder tropft Wasser von der Decke. Den Kindern macht es Spaß, den Hall mit lautem Schreien auszuprobieren. Ist man hindurchgegangen, biegt man links ab und kommt nach einer Weile zum Pulverturm. Hier wurde früher das Sprengpulver sicher gelagert, das man im Bergwerk benötigte. Geht man ein Stück weiter, erreicht man die Aussichtsplattform. Von ihr hat man einen wunderbaren Blick über Berchtesgaden und auf die Berge. Noch ein paar Schritte, dann ist man wieder beim Salzbergwerk angelangt.

CM

Im Besucherzentrum des Salzbergwerkes ist ein Faltblatt erhältlich, auf dem der rund eine halbe Stunde dauernde Rundweg kindgerecht beschrieben wird.

Kelterei Stadler
Högler Straße 50
83451 Piding
08656 860

76 Frisch vom Baum in die Flasche

Kelterei Stadler mit Hofladen

Kennen Sie Heu-Limonade? Nicht? Dann waren Sie noch nicht in der Kelterei von Michael Stadler. In dritter Generation sind die Stadlers Keltermeister und die nächste flitzt auch schon zwischen Abfüllanlage und Fruchtpresse umher. *Innerwiesen* heißt das Bauernhaus, hinter dem sich die Kelterei verbirgt. Es trägt seinen Namen zu Recht, denn es liegt mitten in den eigenen Obstwiesen am Högl, umgeben von Blumen, Gemüsebeeten und Obststauden.

Ein Birnbaum wächst am Haus hinauf und dahinter steht geschützt ein Aprikosenbaum. Aus allem wird Saft gewonnen, aber auch Beerenweine werden angesetzt und Obstschnäpse in der Kelterei gebrannt. Die Palette ist groß, rund 400 Produkte stellt der Familienbetrieb her, alle kann man im Hofladen kaufen. Flasche an Flasche reiht sich dort und die Auswahl fällt gar nicht leicht. Soll man einen Stachelbeer-Nektar nehmen oder eine Erdbeer-Vanille-Limonade? Oder lieber einen der vielen Fruchtsäfte? Doch zurück zur Bio-Heu-Limonade. Sie riecht nach frischem Heu und schmeckt auch ganz leicht danach. Gut gekühlt ist sie herrlich erfrischend. Das ist pure Landlust zum Trinken.

Für Michael Stadler ist es wichtig, dass alle Rohstoffe entweder aus dem eigenen Anbau oder der Region stammen. Darum hält er auch 20 Bienenvölker. Denn ohne Bienen gedeihen keine Früchte an den 1.000 Bäumen im Obstgarten. Viele von ihnen tragen alte und traditionsreiche Sorten wie den »Geheimrat Oldenburg«. Sind sie reif, werden die frisch gepflückten Äpfel gereinigt und anschließend zu einem Brei gemahlen. Dieser wird gepresst, der Saft abgefüllt und die Flaschen mit den oft von Michael Stadler selbst entworfenen Etiketten versehen. Der Fruchtsaftmeister tüftelt gerne an neuen Sorten und seine knallgrüne Apfel-Paprika-Limonade ist nicht nur optisch ein Hit. »Mit der Natur arbeiten«, lautet das Motto der Stadlers, und das schmeckt man.

CM

Michael Stadlers erster regionaler Whisky heißt *Sleeping Witch*, benannt nach dem Berggipfel der Schlafenden Hexe, auf den man von der Kelterei aus blickt.

Lokwelt Freilassing
Westendstraße 5
83395 Freilassing
08654 3099320

77 Faszination Bahn auf 20 Gleisen

Lokwelt

Der Rundlokschuppen ist tatsächlich rund. Sein Name verrät es eigentlich, trotzdem ist man als Besucher zunächst erstaunt. In einem schönen Halbkreis fügen sich radial 20 Gleise aneinander. Davor, im Mittelpunkt sozusagen, befindet sich die 23 Meter lange Drehscheibe. Auf ihr wurden die Lokomotiven so gedreht, dass sie auf dem richtigen Gleis im Lokschuppen einfahren konnten. Heute dürfen die Besucher ein paar Runden auf ihr fahren.

Der historische Lokschuppen wurde 1902 gebaut, direkt an der 1860 eröffneten Bahnlinie München–Salzburg. Im Rundlokschuppen wurden die Dampflokomotiven untergestellt und gewartet. Heute dient er als Ausstellungsfläche. Zu den Exponaten zählen hochwertige Lokomotiven, die das Deutsche Museum aus der Abteilung Verkehrszentrum zur Verfügung stellt. Darunter auch eine bayerische Schnellzug-Dampflokomotive aus dem Jahre 1874. Sie ist aufgeschnitten, damit man die sonst verborgenen »Innereien« eingehend betrachten kann. Sie erreichte damals immerhin stolze 90 Kilometer pro Stunde.

In den historischen Wagen finden sich Abteile in den verschiedenen Klassen. Die Holzklasse trug ihren Namen wirklich zu Recht. Elektrische Lokomotiven werden genauso gezeigt wie eine Gleisstopfmaschine, mit der Gleise ausgerichtet werden. Ein richtiger Hingucker ist die 18 Meter lange Modelleisenbahn, die maßstabsgetreu das Bahnbetriebswerk Freilassing darstellt.

Nicht nur Kinder haben ihren Spaß in der Kinderwelt. Mit allen Sinnen wird die Eisenbahn und ihre Geschichte begreifbar. Die Kleinen probieren in der Eisenbahngarderobe gerne die Arbeitskleidung eines Zugführers, Schaffners oder Gleisarbeiters an. In drei nachgebauten Abteilwagen wird das Thema *Reisen und Eisenbahn* dargestellt und im Fahrsimulator kann jeder einmal seinen Traum als Lokführer ausleben.

CM

In der Lokwelt kann man einen aufregenden Kindergeburtstag feiern oder bei schönem Wetter mit den ICE-Bobbycars im Freien auf den Gleisen sausen.

Paulbauernhof
Familie Heinz
Gausburg 47
83416 Saaldorf-Surheim
08682 1867

78 Landurlaub in der Idylle

Paulbauernhof

Als ich den Paulbauernhof zum ersten Mal besuchte, füllte Resi Heinz in ihrer gemütlichen Küche gerade herrlich duftenden Zitronenmelissensirup in Flaschen. Daneben stand eine ganze Reihe Marmeladengläser mit goldgelbem Gelee aus Äpfeln und Ackerkratzdisteln. Die Morgensonne brachte die Gläser zum Leuchten und der Blick konnte durch das Küchenfenster über die weiten Wiesen des Bauernhofes streifen bis hinein in die Berge. Selbst die Salzburger Burg war in der Ferne zu erkennen.

Der Paulbauernhof ist ein Ort, an dem man sich sofort zu Hause fühlt. Alles, was am Hof produziert wird, verkauft Familie Heinz in ihrem Hofladen. »Selber machen und selber verkaufen«, lautet ihr Motto. Vor allem der Käse aus Resis Küche ist weithin bekannt. Ihr Mann Heinz ist ausgebildeter Natur- und Landschaftsführer. Er kümmert sich in vierter Generation um den Hof. Ihr Sohn Hansi ist der Jungbauer und er wird losgeschickt, mir den Paulbauernhof zu zeigen. Es ist ein traditioneller Milchviehbetrieb mit 35 Kühen. Hinter dem Stall stehen die kleinen Boxen für die Kälbchen. Die Namenstafeln geben Auskunft, wie die Kälber heißen, damit die Gäste sie auch mit dem richtigen Namen anreden können. Weiter geht es zu den Schweinen, die gleich grunzend hergelaufen kommen. Im Hühnerstall herrscht Aufregung. »Die neuen Hühner ärgern unsere Puten ständig«, erzählt Hansi. Also auch im Idyll tauchen Probleme auf. Hasen und Katzen laufen außerdem herum – einfach alles, was ein Bauernhof braucht.

Rund um den Hof blüht es, in einem eingezäunten Bauerngarten und auf einem großen Kräuterbeet. Alle Pflanzen sind beschriftet, denn Resi ist ausgebildete Kräuterbäuerin und bei einer Kräuterwanderung mit ihr erfährt man vieles über die Heilwirkung der Wald- und Wiesenkräuter. Als ich mich verabschiede, drückt mir Resi ein Glas Marmelade in die Hand. Ein Stückchen Idylle zum Mitnehmen.

CM

Der Paulbauernhof hat nicht nur Ferienwohnungen, sondern bietet auch Stellplätze für Wohnmobile an, und wenn man Glück hat, gibt es am Sonntag Spanferkel.

Marienplatz
83410 Laufen

Touristinfo Laufen
Rathausplatz 1
83410 Laufen
08682 898749

79 Ein Hauch von Italien

Marienplatz

Mitten in der prägnanten Flussschleife der Salzach liegt die schöne Altstadt von Laufen. Ihre Straßen zeigen noch heute ihren spätmittelalterlichen Verlauf und die Häuser stammen meist aus dem 17. Jahrhundert. Die großen Patrizierhäuser zeugen von dem Reichtum, der einmal in der Stadt herrschte. Der Salztransport auf dem Fluss hatte Laufen reich gemacht. Jahrhunderte hatten die Laufener Patrizierfamilien das Schiffherren-Privileg inne. Nur sie durften zwischen Reichenhall und Hallein das dort gewonnene Salz auf der Salzach bis nach Laufen transportieren. Die vor Laufen gelegenen Stromschnellen machten ein Umladen des Salzes nötig, was eine wichtige Einnahmequelle darstellte. Es entwickelte sich ein reges wirtschaftliches Leben.

Als im 19. Jahrhundert Laufen zu einem unbedeutenden Grenzort zusammenschrumpfte, da die Verkehrswege sich zugunsten der Eisenbahn verlagerten, stagnierte Laufens Entwicklung. Glücklicherweise, möchte man sagen, denn deswegen blieb es von weitreichenden Veränderungen verschont und zeigt sich heute in seinem historisch bemerkenswerten Zustand.

Den Mittelpunkt der Altstadt bildet der Marienplatz mit seiner Mariensäule. Dass man sich an eine italienische Piazza erinnert fühlt, kommt nicht von ungefähr: Waren es doch oberitalienische Baumeister, die den Inn und die Salzach entlang ihr Handwerk ausübten und ihren Baustil mitbrachten. Typisch sind die hohen Blendfassaden, die ein Übergreifen des Feuers bei Bränden verhindern sollten. Die Dächer dahinter waren so besser vor Funkenflug geschützt.

Vom Marienplatz führt die Salzachbrücke hinüber nach Oberndorf. Die 1901 bis 1903 gebaute Hängebrücke aus Eisen besticht durch ihre Jugendstilornamentik. Ein Spaziergang über die 165 Meter lange Brücke gehört zum Pflichtprogramm, bevor man sich auf dem Marienplatz zu einem Kaffee niederlässt.

CM

Es gibt eine historische Laternenführung durch die Altstadt Laufens. Ein Nachtwächter erzählt bei dem romantischen Rundgang aus der Geschichte der Stadt.

Alle Lieblingsplätze in der Region

Alexandra Achenbach
Lieblingsplätze in und um München – nachhaltig
160 Seiten, 14 x 21 cm
Klappenbroschur
ISBN 978-3-8392-0377-4

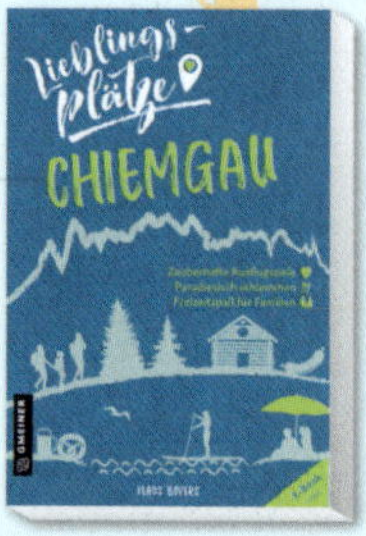

Klaus Bovers
Lieblingsplätze Chiemgau
192 Seiten, 14 x 21 cm
Klappenbroschur
ISBN 978-3-8392-2614-

Andreas M. Bräu / Sebastian Schoenwald
Lieblingsplätze in und um Garmisch-Partenkirchen
192 Seiten, 14 x 21 cm
Klappenbroschur
ISBN 978-3-8392-2926-2

Heide Marie Karin Geis
Lieblingsplätze im Fünfseenland
192 Seiten, 14 x 21 cm
Klappenbroschur
ISBN 978-3-8392-0618-

Christoph Merker
Lieblingsplätze im Berchtesgadener Land
192 Seiten, 14 x 21 cm
Klappenbroschur
ISBN 978-3-8392-0371-2

Lilo Solcher
Lieblingsplätze Augsburg und Bayerisch-Schwaben
192 Seiten, 14 x 21 cm
Klappenbroschur
ISBN 978-3-8392-2730-

Heike Hoffmann / Stefan Boes
Lieblingsplätze Tölzer Land - Tegernsee - Schliersee
192 Seiten, 14 x 21 cm
Klappenbroschur
ISBN 978-3-8392-2630-8